재무관리

신현범 · 신봉준

Financial Management

탑북스

머리말

기업은 양질의 재화나 용역을 생산하여 소비자들에게 적정한 가격으로 공급함으로써 기업가치를 창출하고 동시에 인간의 삶을 개선시키는데 기여하고 있다. 그리고 기업은 이러한 목적을 달성하기 위해 여러 가지의 경영활동을 하고 있으며, 그 중 재무관리는 기업이 자금을 조달하고 운용하는 기업의 경영활동과 관련이 있는 과목이다.

기업의 자금조달과 운용은 기업의 지속적인 성장과 생존에 중대한 영향을 미치는 부분이기 때문에 재무관리를 담당하는 직원들은 재무관리에 대해 충분히 이해하고 업무에 적용할 수 있는 능력을 배양해야할 것이다.

이 책은 대학에서 처음 재무관리를 수강하는 학생들을 위한 강의교재이며 다음과 같은 점들을 고려하였다.

첫째, 재무관리의 기본적인 내용을 쉽게 이해할 수 있도록 구성하였다. 어려운 부분을 대폭 줄이고 꼭 알아야하는 기초적인 부분을 중심으로 다루었다. 기본개념을 쉽게 이해할 수 있도록 하여 재무관리에 쉽게 접근할 수 있도록 하였다.

둘째, 다양한 연습문제를 통하여 쉽게 학습할 수 있도록 하였다. 진위형, 단답식을 통하여 보다 쉽게 개념을 파악할 수 있도록 하였고, 객관식 및 주관식 계산형 문제를 제시하여 스스로 학습할 수 있도록 하였다.

셋째, 재무관리에 대한 이해를 돕기 위하여 예제를 많이 활용하였다. 그리고 예제에 대한 충분한 설명을 통하여 스스로 학습할 수 있도록 하였다.

이러한 점을 고려하여 재무관리 초보자를 위해 집필하였음에도 여러 가지 부족한 점들이 많을 것으로 생각되며 독자들의 많은 관심과 조언을 기다리고자 한다.

저자들은 이 책의 집필과정에서 국내외의 많은 관련 재무관리 교재를 참고하였으며, 필요한 경우에는 내용의 일부를 인용하기도 하였다. 이에 대하여 그분들께 진심으로 감사를 드린다.

끝으로 이 책을 출판하도록 해주신 탑북스의 김광식 사장님과 세세하게 편집해 주신 편집부 관계자 여러분들의 노고에도 감사드린다.

2020. 7.

저자 일동

차 례

제1장 재무관리 기초

제2장 레버리지 분석

제3장 화폐의 시간가치

제4장 채권과 주식의 가치평가

제5장 자본예산과 현금흐름

제6장 투자안의 평가

제7장 수익률과 위험

제8장 자본자산가격결정모형

제9장 자본비용

제10장 자본구조

제11장 배당정책

제 1 장
재무관리 기초

제 1 장
재무관리 기초

제1절 재무관리의 의의

기업은 노동과 자본 등 생산요소를 투입하여 양질의 재화나 용역을 생산하여 소비자들에게 적정한 가격으로 공급함으로써 삶의 질을 개선시키는데 기여하고 있다. 이를 위하여 기업은 부채와 자기자본으로 자금을 조달한 후 실물자산에 투자함으로써 새로운 가치를 창출하고 있다.

이처럼 자본을 조달하고 운용하는 활동을 재무활동(financial activities)이라고 하며, 재무관리(financial management)는 재무활동을 연구대상으로 하고 있다. 따라서 재무관리는 재무목표를 효과적으로 달성하기 위하여 재무활동을 과학적으로 관리하는 학문이라고 말할 수 있다. 그런데 재무활동에 대한 인식은 시대적 환경변화에 따라 차이가 있다. 1950년대 이전에는 자본조달활동이 중심이었으나 1950년대 이후부터는 투자활동에 더 중요한 의미를 부여하였다.

제2절 재무관리의 내용

재무관리의 내용을 크게 분류하면 자본예산, 자본구조, 배당정책과 운전자본으로 구분할 수 있으며, 이를 재무관리의 4대 주요 재무의사결정이라고 부른다.

1. 자본예산

자본예산(capital budgeting)은 실물자산의 투자와 관련된 예산을 수립하는 과정을 말한다. 투자안의 개발, 투자안의 경제성 분석, 투자안의 선택, 투자자금의 조달계획 수립과 예산편성 등의 과정이 자본예산에 포함된다.

자본예산의 목적은 투자비용보다 많은 가치를 창출할 수 있는 실물자산에 투자하는데 있다. 자본예산이 적용되는 영역은 매우 다양하다. 예를 들어 신규 점포의 개설 여부, 신제품의 생산 또는 시설확장의 여부 그리고 제품 생산을 위한 설비의 구입 여부 등은 모두 자본예산에서 경제성 분석의 대상이 된다.

2. 자본구조

자본구조는 비유동부채와 자기자본을 어떤 비율로 유지해야 기업가치가 극대화되는가에 관한 것이다. 비유동부채와 자기자본은 수익성 자산인 비유동자산에 투자되는 장기성 자본이다.

재무관리에서 자본구조는 중요한 의사결정의 하나이다. 왜냐하면 비유동부채와 자기자본의 구성에 따라 기업의 수익력과 위험이 결정되기 때문이다. 그러므로 재무관리자는 자본구조와 관련하여 기업가치를 극대화할 수 있는 자본구조를 선택하여야 한다.

3. 배당정책

기업은 경영활동에서 요구되는 자본을 채권자와 주주들로부터 조달하여 실물자산에 투자함으로써 현금흐름을 얻고 있으며, 이와 같은 현금흐름은 채권자와 주주들에게 각각 이자와 배당으로 배분된다.

배당정책에서 주요 관심의 대상은 기업이 벌어들인 현금흐름 중에서 어느 정도를 배당으로 지급해야 하며, 배당수준을 결정할 때 어떤 요인들을 고려해야 하며, 기업가치를 극대화시킬 수 있는 배당수준이 존재하는 지에 관한 것이다.

4. 운전자본

운전자본(working capital)은 정상적인 생산 및 영업 활동을 지원하기 위하여 보유해야 하는 일시적인 자본으로 순운전자본(net working capital)을 말하며, 유동자산에서 유동부채를 차감한 금액으로 측정된다. 왜냐하면 유동자산에 대한 투자자금은 주로 유동부채를 통하여 충당되기 때문이다. 따라서 운전자본의 관리에서는 현금 및 시장성 유가증권의 보유, 매출채권의 회수, 재고자산의 투자와 단기자금의 조달 등 현금회수 및 현금지출과 관련된 재무활동이 주를 이루고 있다.

제3절 재무관리의 목표

재무관리의 목표를 정확하게 정의하는 것은 매우 중요한 의미를 갖는다. 왜냐하면 재무관리의 목표를 정확하게 정의해야만 재무정책을 결정하고 평가할 수 있는 객관적인 기준을 얻을 수 있기 때문이다.

1. 이익의 극대화

무엇을 재무관리의 목표로 설정할 수 있는가에 대한 해답은 여러 가지가 있을 수 있다. 예를 들어 기업이 생존하는 것을 재무관리의 목표로 설정할 수 있으며, 또는 재무적 곤경이나 파산을 피하는 것을 재무관리의 목표로 설정할 수도 있다. 그 밖에 경쟁에서 이기는 것, 매출액을 증대시키는 것, 원가를 줄이는 것, 이익을 높이는 것, 안정적인 성장률을 유지하는 것 또는 시장점유율을 높이는 것 등을 재무관리의 목표로 설정할 수도 있다.

그러나 이러한 것들은 재무관리의 목표로 적합하지 않다. 예를 들어 매출액을 증대시키는 것은 어려운 일이 아니다. 가격을 인하시키거나 신용판매의 조건을 완화시키면 얼마든지 매출액을 증대시킬 수 있기 때문이다. 또한 연구개발투자나 광고를 중단하면 얼마든지 원가를 줄일 수 있다. 이처럼 맹목적으로 원가를 줄이거나 매출액을 증대시키는 것은 도움이 되지 않기 때문에 단순한 매출증대나 원가절감을 재무관리의 목표로 설정하는 것은 의미가 없다.

그 밖에 필요한 자금을 모두 자기자본만으로 조달하거나 또는 불확실한 투자를 하지 않고 확실한 투자만 하면 재무적 곤경이나 파산을 피할 수 있기 때문에 이 또한 재무관리의 목표로 적합하지 않다. 파산만을 피하는 것이 능사가 아니기 때문이다.

재무관리의 목표는 재무의사결정의 기준으로 이용될 수 있어야 할 뿐만 아니라 재무활동의 성과를 평가하는 기준으로 이용될 수 있는 개념이어야 한다. 이와 같은 관점에서 볼 때 앞서 언급한 여러 가지 개념을 재무관리의 목표로 설정하는 데 한계가 있다.

또 다른 하나의 경우로 이익의 극대화(profit maximization)를 재무관리의 목표로 설정할 수 있다는 주장이 있다. 그러나 재무의사결정의 기준과 재무성과의 평가기준이라는 관점에서 보면 이익의 극대화는 재무관리의 목표로 적합하지 않다. 그 이유에 대하여 살펴보자.

첫째, 개념이 명확하지 않다는 점이다. 이익은 매출총이익, 영업이익, 순이익 또는 주당순이익 등 여러 가지가 있는데, 이 중에서 구체적으로 어느 개념을 재무관리의 목표로 설정할 것인지가 명확하지 않다.

둘째, 실현시기에 따라 가치가 다르다는 점이다. 회계학에서는 실현시기와 관계없이 1년 후의 이익 100만원과 10년 후의 이익 100만원이 모두 똑같은 가치를 갖는 것으로 인식하고 있다. 그러나 시간적 가치의 차원에서 보면 똑같은 100만원의 이익이라도 1년 후의 이익 100만원이 더 큰 가치를 갖는다.

셋째, 불확실성에 따라 가치가 다르다는 점이다. 예를 들어 1년 후에 100만원을 받을 수 있는 국채와 회사채가 있다고 하자. 국채는 정부가 원리금상환을 보증하는 증권이기 때문에 국채에 투자하는 경우 1년 후에 100만원을 거의 확실하게 받을 수 있다. 따라서 1년 후 국채의 투자수익(100만원)은 확실한 현금에 해당된다.

한편 회사채는 발행한 기업이 파산하는 경우 원리금을 상환 받을 수 없는 불확실성을 감수해야 하기 때문에 1년 후 회사채의 투자수익(100만원)은 불확실한 현금에 해당된다. 따라서 확실한 현금 100만원이 불확실한 현금 100만원보다 더 큰 가치를 갖는다. 그럼에도 불구하고 확실한 100만원과 불확실한 100만원이 모두 똑같은 가치를 갖는 것으로 가정하고 있는데 문제가 있다.

2. 기업가치의 극대화

앞서 설명한 것처럼 이익은 개념이 분명하지 않을 뿐만 아니라 실현시기와 불확실성을 반영하지 못하고 있다. 따라서 이익의 극대화는 재무의사결정의 기준과 재무성과의 평가기준으로 이용하는데 문제가 있다. 그렇다면 재무관리 목표를 구체적으로 어떻게 정의해야 하는가?

기업의 소유자인 주주들은 재무적 이득을 얻기 위하여 주식을 소유하기 때문에 재무관리자는 주주들의 이익을 위하여 의사결정을 해야 한다. 따라서 자본의 조달과 운용을 통하여 새로운 가치를 창출해야 기업가치가 증가하며, 기업가치가 증가해야 주주들 또한 재무적 이익을 얻을 수 있다.

이 경우 기업가치가 증가하는 만큼 주가가 상승하기 때문에 기업가치를 증대시키는 재무의사결정은 주주들에게 좋은 재무의사결정이 되며, 반대로 기업가치를 감소시키는 재무의사결정은 주주들에게 나쁜 재무의사결정이 된다. 따라서 재무관리의 목표는 기업가치 또는 주가를 극대화하는데 있다.

기업가치의 극대화 또는 주가의 극대화를 재무관리의 목표로 설정함으로써 앞서 설명한 여러 유형의 재무관리 목표에 내포되어 있는 문제점을 피할 수 있다. 기업가치의 개념은 의미가 분명할 뿐만 아니라 시간적 차원과 불확실성의 차원이 모두 반영되어 있기 때문이다. 따라서 기업가치를 증대시키는 재무의사결정이 주주들에게도 최선의 의사결정이 되며, 기업가치가 상승할 때 재무성과가 좋다고 평가할 수 있다.

기업가치의 극대화는 주가의 극대화와 동일한 의미를 갖는다. 기업가치가 증가하는 만큼 주가가 상승하며, 주가가 상승하는 만큼 기업의 소유자인 주주들의 부가 증가하기 때문이다. 다시 말하여 종업원에게 지급해야 하는 임금, 원자재 공급자에게 지불해야 하는 구입대금, 채권자들에게 지급해야 하는 이자, 그 밖에 정부에 지불해야 하는 세금 등과 같은 모든 채무를 이행한 후에 실현되는 잔여성과가 주주들에게 배분되기 때문이다.

3. 재무의사결정의 기준

재무관리의 목표는 주가의 극대화 또는 지분가치의 극대화에 있다. 따라서 재무관리자는 투자비용보다 많은 가치를 창출할 수 있는 재무의사결정을 하여야 하며, 이와 같은 재무의사결정을 통하여 새로이 창출되는 가치를 증분가치(incremental value)라고 한다.

재무의사결정의 결과로 새로이 창출되는 증분가치는 미래 현금흐름의 현재가치에서 현재의 투자비용을 뺀 순현가(net present value: NPV)를 이용하여 측정한다. 그리고 미래 현금흐름의 현재가치는 현금흐름의 크기, 발생시점과 적정할인율에 의해 결정된다.

NPV는 식 (1)과 같다.

$$
\begin{aligned}
NPV &= \text{미래 현금흐름의 현재가치} - \text{투자비용} \\
&= \sum_{t=1}^{\infty} \frac{E(C_t)}{(1+r)^t} - C_0 \qquad (1)
\end{aligned}
$$

C_0: 현재의 투자비용
$E(C_t)$: t기 말의 기대 현금흐름
r: 할인율

양(+)의 NPV는 재무의사결정의 결과 새로운 가치가 창출되고 있음을 의미하기 때문에 주주들에게 좋은 재무의사결정이 되며, 음(−)의 NPV는 재무의사결정의 결과 기업가치가 감소하고 있음을 의미하기 때문에 주주들에게 나쁜 재무의사결정이 되는 것을 의미한다. 따라서 재무관리자는 NPV에 근거하여 재무의사결정을 해야 한다.

제4절 재무관리의 기본 원칙들

재무관리를 받쳐주고 있는 두 가지 기본 원칙으로는 재무관리 제1원칙인 화폐의 시간가치와 제2원칙인 위험과 수익의 상충관계가 있다.

그림 1-1. 재무관리를 받쳐주고 있는 기본 원칙

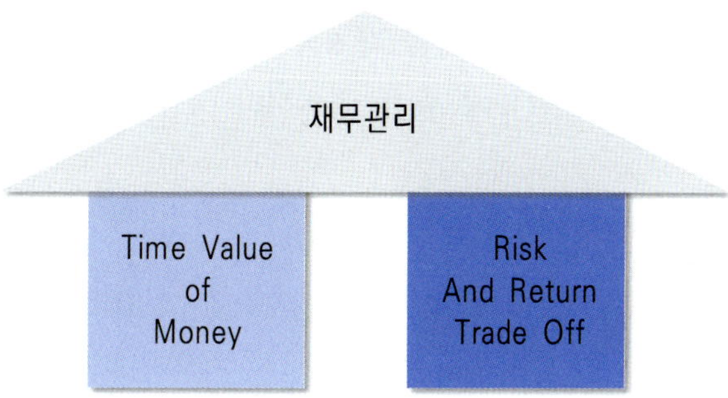

1. 화폐의 시간가치 : 재무관리 제1원칙

화폐는 동일한 금액이라 할지라도 시점에 따라 그 가치가 다르게 된다. 즉 오늘의 100만원과 1년 후의 100만원은 그 가치가 다르다. 지금 1억 원을 투자하여 1년 후에 1억1천 만원을 받을 수 있는 투자안 A와 지금 1억 원을 투자하여 2년 후에 1억1천 만원을 받을 수 있는 투자안 B를 비교할 때 화폐의 시간가치를 고려하면 투자안 A가 투자안 B보다 투자가치가 크다는 것을 쉽게 알 수 있다.

화폐의 시간가치를 고려하지 않는다면 기업은 주요한 재무의사결정을 올바르게 수행하지 못할 수 있다.

화폐의 시간가치는 가치측면에서, 할인의 필요성을 의미한다.

2. 위험과 수익의 상충관계 : 재무관리 제2원칙

재무관리에서는 시장에 참여하고 있는 투자자들이 위험을 싫어하고, 불확실한 1원보다는 확실한 1원을 선호하며, 위험이 커지면 커질수록 위험부담에 대한 대가로 더욱 많은 수익을 요구한다고 본다. 즉, 단적으로 요약하면 High Risk High Return / Low Risk Low Return이다. 그러나 이는 보통 사람들이 수익은 높이면서 위험을 낮추려고 하는 생각과 상충되는데 이를 위험과 수익의 상충관계라고 말한다.

위험과 수익의 상충관계는 가치측면에서는 위험에 대한 적정대가가 얼마인가에 대한 적정할인율에 관한 내용이다.

제5절 재무제표

기업은 재무활동의 결과를 보고서로 작성하여 주기적으로 주주, 채권자, 정부, 금융기관 및 종업원 등 여러 이해관계자에게 제공한다. 이 때 작성하는 여러 보고서들을 재무제표라 한다. 한국채택국제회계기준(K-IFRS)에 의하면 재무상태표, 포괄손익계산서, 현금흐름표, 자본변동표 및 주석을 재무제표로 정하고 있다.

1. 재무상태표

재무상태표(statement of financial position)는 회계연도 말에 기업의 재무상태를 요약한 보고서이다. 재무상태표를 통하여 기업이 어떤 유형의 자산을 소유하고 있으며 또한 어느 정도의 부채(liabilities)를 가지고 있는가를 파악할 수 있다.

〈표 1-1〉은 서울(주)의 재무상태표를 예시한 것이다.

표 1-1. 서울(주)의 재무상태표

	20X1	20X2		20X1	20X2
유동자산	4,400억원	4,800	유동부채	2,400억원	2,650
현금	400	550	매입채무	1,200	1,300
매출채권	2,400	2,250	지급어음	400	500
재고자산	1,600	2,000	단기차입금	800	850
비유동자산	3,600	3,700	비유동부채	2,700	2,750
투자자산	200	200	회사채	2,000	2,050
유형자산	3,200	3,300	장기차입금	700	700
무형자산	200	200	자기자본	2,900	3,100
			자본금	1,200	1,200
			이익잉여금	1,700	1,900
총자산	8,000	8,500	총자본	8,000	8,500

1) 자산

〈표 1-1〉에서 재무상태표의 왼쪽을 차변 그리고 오른쪽을 대변이라고 하며, 차변에는 기업이 소유하고 있는 자산이 그리고 대변에는 부채와 자기자본이 각각 기록되어 있다.

자산은 유동자산(current assets)과 비유동자산(fixed assets)으로 구분된다. 유동자산은 1년 이내에 현금으로 전환되거나 전환될 것으로 예상되는 자산으로 현금, 유가증권 및 매출채권 등과 같은 당좌자산과 재고자산 등이 있다. 비유동자산은 주로 생산활동에 투자되어 운용되는 수익성 자산으로 현금으로 전환하는데 적어도 1년 이상이 소요되는 자산으로 유형자산, 무형자산, 투자자산과 기타 비유동자산으로 구분된다.

유형자산(tangible assets)은 생산활동을 위하여 적어도 1년 이상 소유하는 유형의 수익성 자산으로 공장, 기계장치와 토지 등이 있으며, 무형자산(intangible assets)은 물리적인 실체는 없으나 기업의 수익창출에 기여할 것으로 기대되는 무형의 자산으로 특허권과 상표권 등이 있다.

재무상태표를 작성할 때는 유동성이 높은 자산의 순서대로 배열해야 하는데, 이를 유동성 배열의 원칙이라고 한다.

유동성(liquidity)은 현재 시장에서 거래되고 있는 가격으로 자산을 매각하여 현금으로 전환할 수 있는 용이성을 의미한다.

한편 유동자산에서 유동부채를 차감한 부분을 순운전자본(net working capital)이라고 하며, 식 (2)와 같다.

$$\text{순운전자본} = \text{유동자산} - \text{유동부채} \tag{2}$$

식 (2)에서 보여주는 것처럼 유동자산이 유동부채보다 많을 때는 순운전자본이 양(+)의 값을 보이는 반면에 유동자산이 유동부채보다 적을 때는 음(−)의 값을 보이게 된다. 서울(주)의 20X1년도와 20X2년도의 순운전자본은 각각 2,000억원과 2,150억원이다.

순운전자본(20X1년) = 4,400 − 2,400 = 2,000억원
순운전자본(20X2년) = 4,800 − 2,650 = 2,150억원

양(+)의 순운전자본은 향후 1년 이내에 현금화시킬 수 있는 유동자산이 상환해야 하는 유동부채보다 많다는 것을 의미한다. 따라서 정상적인 기업에서는 순운전자본이 언제나 양(+)의 값을 보여야 한다. 반면에 음(−)의 순운전자본은 향후 1년 이내에 상환해야 할 유동부채가 현금화할 수 있는 유동자산보다 많다는 것을 의미한다. 따라서 순운전자본이 음(−)의 값을 보이는 경우에는 유동자산을 처분하더라도 유동부채를 전부 상환시킬 수 없기 때문에 금융환경이 악화되어 자금을 조달하기가 어려워지면 곧바로 지급불능의 상황으로 빠져들 가능성이 매우 높다.

2) 부채와 자기자본

재무상태표의 대변에는 부채와 자기자본이 기재되어 있다. 부채(liabilities)는 1년 이내에 원금을 상환해야 하는 단기부채인 유동부채(current liabilities)와 만기가 1년 이상인 장기부채인 비유동부채(fixed liabilities)로 구분된다.

일상적인 영업활동의 순환과정에서 자발적으로 조성되는 매입채무, 금융

시장을 통하여 조달되는 은행차입금 그리고 지급어음 등은 유동부채이고, 회사채와 장기차입금 등은 비유동부채이다.

자기자본은 기업의 소유주인 주주들에게 귀속되는 주주들의 지분(shareholder's equity)을 말한다. 주주들은 총자산에서 채권자들에게 상환해야 하는 부채를 차감한 잔여자산에 대한 청구권을 가지며 총자산, 부채와 자기자본의 사이에는 식 (3)의 관계가 성립한다.

$$\text{총자산} = \text{자기자본} + \text{부채} \qquad (3)$$

식 (3)을 재무상태표 등식이라고 한다. 식 (3)을 이용하여 주주들이 어느 정도의 지분을 소유하고 있는가를 파악할 수 있다. 총자산에서 부채를 차감하여 주주들의 지분을 측정할 수 있기 때문이다.

기업이 부채를 사용하는 것을 재무레버리지(financial leverage)라고 하며, 부채의존도가 높을수록 재무레버리지가 높아진다. 20X2년 말 현재 서울(주)의 재무상태표를 보면 총자산에 투자한 8,500억원을 각각 부채와 자기자본으로 5,400억원과 3,100억원씩 조달하였음을 알 수 있다.

2. 포괄손익계산서

포괄손익계산서(statement of comprehensive income: 이하 손익계산서라 함)는 일정한 기간 동안의 영업성과를 요약한 보고서이다. <표 1-2>는 서울(주)의 20X2년도 손익계산서를 예시한 것이다.

표 1-2. 서울(주)의 손익계산서

손익계산서
(20X2년 1월 1일~20X2년 12월 31일)

매출액	2,600억원
매출원가	1,400
매출총이익	1,200
감가상각비	70
영업비용	350
영업이익	780
지급이자	100
법인세차감전순이익	680
법인세(30%)	204
당기순이익	476

영업활동을 통하여 얻어지는 수익과 비용을 대응시켜 이익을 측정하는데, 이를 대응의 원칙(matching principle)이라고 한다. 따라서 손익계산서에서 이익은 수익에서 비용을 차감한 금액으로 측정되며, 식 (4)와 같다.

$$이익 = 수익 - 비용 \qquad (4)$$

식 (4)에서 수익은 매출액으로 재화나 용역을 생산·판매한 대가로 얻어지는 수익을 말한다. 한편 비용은 매출원가, 영업비용과 영업외비용으로 구분된다.

매출원가는 재화나 용역을 생산하는 과정에서 발생되는 비용으로 취득원가로 계상된다. 영업비용은 영업활동을 수행하는 과정에서 발생되는 비용으로 관리비와 판매비로 구성된다. 판매비는 재화나 용역을 판매하는 과정에서 발생되는 비용을 의미하며, 관리비는 영업활동을 지원하는 부서를 관리하는데 소요되는 비용을 의미한다.

대응의 원칙이란 먼저 수익을 결정한 다음에 그 수익을 얻기 위하여 발생한 비용을 대응시켜 이익을 측정하는 회계원리를 말한다. 예를 들어 TV를 생산하여 판매하는 경우 판매시점에서 수익을 확정하는 한편 TV의 판매와 관련하여 발생된 생산 및 영업비용을 측정하여 이를 비용으로 처리한다.

회계학에서는 이와 같이 대응의 원칙에 따라 이익을 측정하기 때문에 수익과 비용의 인식기준이 서로 다를 수 있는데, 감각상각비가 그 대표적인 예이다. 감가상각비는 현금지출을 수반하지 않는 회계 상의 비용으로 대응의 원칙에 따라 수익에 대응시키기 위하여 처리되는 비용 항목 중의 하나이다.

예를 들어 100억원을 주고 자동화 기계를 구입하면 구입시점에 100억원이 비용으로 지출된다. 그러나 회계학에서는 구입시점에 100억원을 모두 비용으로 처리하지 않고 내용연수를 정하여 그 기간 동안에 매년 정해진 금액을 비용으로 처리한다. 만약 내용연수를 10년으로 하여 정액법에 따라 감가상각을 한다면 매년 10억원이 감가상각비로 처리된다.

이와 같이 구입시점에서 모두 비용으로 처리하지 않고 일정한 기간에 걸쳐 비용으로 처리하는 회계처리방법은 대응의 원칙에 근거를 두고 있다. 향후 10년 동안에 자동화 기계의 사용과 관련하여 얻어지는 수익에 대응시키기 위하여 매년 감가상각비를 비용으로 처리하기 때문이다. 회계이익과 현금흐름이 일치하지 않는 주요 원인은 비용 중에 현금지출 비용이 아닌 이와 같은 비용항목이 있기 때문이다. 서울(주)의 20X2년도의 손익계산서를 보면 70억원이 감가상각비로 계상되어 있다.

3. 현금흐름표

현금흐름표(statements of cash flow)는 일정한 기간에 기업이 조성한 현금과 사용한 현금의 내역을 정리한 재무보고서이다. 예를 들어 제품 판매, 실물자산의 처분 또는 금융자산의 발행은 현금을 조성하는 수단으로 이용되며, 원재료 구입, 임금 지불, 이자 지급, 실물자산의 투자, 부채 상환 또는 배당 지급은 사용한 현금의 원천이 된다. 현금의 조성과 사용은 영업활동은 물론 투자활동과 재무활동을 통하여 이루어진다. 따라서 현금흐름표에는 영업활동, 투자활동과 재무활동으로 구분하여 현금흐름의 변동내용을 정리하고 있다.

4. 자본변동표

자본변동표(statement of changes in equity)는 자본의 변동흐름을 나타낸 것으로 자본금, 자본잉여금, 이익잉여금, 자본조정 등의 변동을 나타내는 표이다.

5. 주석

주석(foot note)은 재무제표상 특정부분의 내용이나 의미를 좀 더 명료하게 설명하기 위한 표시방법을 말한다.

요약

1. 재무관리(financial management)는 기업의 재무목표를 효과적으로 달성하기 위하여 재무활동(financial activities)에 관한 이론과 방법, 체계 등을 연구하는 학문이다.
2. 자본을 조달하고 운용하는 활동을 재무활동이라고 하며, 자본예산, 자본구조, 배당정책, 운전자본을 크게 재무관리의 4대 주요 재무의사결정이라고 부른다.
3. 현대 재무관리의 목표는 기업가치의 극대화이다. 다만, 가정에 따라 지분가치 극대화, 주가의 극대화로 확대할 수 있다.
4. 재무관리를 받쳐주고 있는 두 가지 기본원칙으로는 ① 화폐의 시간가치(time value of money; TVM)와 ② 위험과 수익의 상충관계(risk and return trade off)가 있다.
5. 재무의사결정을 위해서 재무제표에 대한 이해가 필요하다.
   재무제표는 기업의 회계보고서를 의미한다.

연습문제

OX 문제

1. 재무관리의 목표는 이윤의 극대화에 있다.
2. 기업의 장기투자를 계획하고 관리하는 과정을 자본예산이라 한다.
3. 기업가치란 기업의 미래 현금흐름을 적절한 할인율로 할인한 현재가치의 총합이다.
4. 재무상태표의 기업의 자산가치는 부채와 자본가치의 합과 같다.
5. 포괄손익계산서는 일정 시점의 기업성과를 요약한 재무제표이다.
6. 이익극대화 개념은 개념이 명확하지 않고, 화폐의 시간가치와 투자안의 위험을 고려하지 않는다는 문제점을 가지고 있다.

단답형

1. 재무관리의 내용을 크게 분류하면 (　　　　　　), (　　　　　　), 배당정책과 운전자본으로 구분할 수 있으며, 이를 재무관리의 4대 주요 재무의사결정이라고 부른다.
2. 재무관리의 두 가지 기본 원칙에는 (　　　　　　)와 위험과 수익의 상충관계가 있다.
3. (　　　　　　)은 실물자산의 투자와 관련된 예산을 수립하는 과정을 말한다.
4. (　　　　　　)는 비유동부채와 자기자본을 어떤 비율로 유지해야 기업가치가 극대화되는가에 관한 것이다. 비유동부채와 자기자본은 수익성 자산인 비유동자산에 투자되는 장기성 자본이다.
5. (　　　　　　)은 정상적인 생산 및 영업 활동을 지원하기 위하여 보유해야 하는 일시적인 자본으로 순운전자본(net working capital)을 말하며, 유동자산에서 유동부채를 차감한 금액으로 측정된다.

6. (   )는 회계연도 말에서 기업의 재무상태를 요약한 보고서이다.
7. (   )는 일정한 기간 동안의 영업성과를 요약한 보고서이다.
8. (   )이란 먼저 수익을 결정한 다음에 그 수익을 얻기 위하여 발생한 비용을 대응시켜 이익을 측정하는 회계원리를 말한다.
9. (   )는 일정한 기간에서 기업이 조성한 현금과 사용한 현금의 내역을 정리한 재무보고서이다.
10. (   )는 자본의 변동흐름을 나타낸 것으로 자본금, 자본잉여금, 이익잉여금, 자본조정 등의 변동을 나타내는 표를 말한다.
11. (   )은 재무제표상 특정부분의 내용이나 의미를 좀 더 명료하게 설명하기 위한 표시방법을 말한다.

객관식

1. 재무관리자의 역할과 거리가 먼 것은?
   ① 어떤 사업을 선택할 것인가?
   ② 자금을 어떻게 조달할 것인가?
   ③ 현금은 얼마나 보유해야 할 것인가?
   ④ 회계장부를 어떻게 작성할 것인가?

2. 다음 중 재무관리담당자가 재무기능을 수행할 때 추구하는 목표로 올바른 것은?
   ① 이윤의 극대화
   ② 매출의 극대화
   ③ 비용의 최소화
   ④ 기업가치의 극대화

3. 다음 중 재무관리의 목표로서 바르지 않은 것은?
   ① 기업가치의 극대화
   ② 지분가치의 극대화
   ③ 주가의 극대화
   ④ 매출의 극대화

4. 재무관리의 목표에 대한 설명으로 옳지 않은 것은?
① 기업가치 극대화는 지분가치의 극대화와 일치하게 된다.
② 재무관리의 목표를 수행하는 과정에서 비용이 발생한다.
③ 지분가치의 극대화는 기업의 사회적인 도리를 무시하는 것이다.
④ 주가를 극대화하는 결정이 기업가치를 높이는 결과를 가져온다.

5. 재무상태표에 대한 설명 중 잘못된 것은?
① 일정기간 동안 기업의 재무상황을 나타내는 재무제표이다.
② 자산과 부채와 자본의 관계를 나타낸다.
③ 자산항목은 자금의 운용상태를 나타낸다.
④ 기업의 자금조달의 원천에 대해 나타낸다.

6. 다음 중 일정시점에서의 기업의 재무상태를 나타내는 자료는?
① 포괄손익계산서
② 재무상태표
③ 현금흐름표
④ 자본변동표

7. 재무상태표의 유용성으로 옳지 않은 것은? [2014 경영지도사]
① 일정시점의 기업 재무상태를 알 수 있게 한다.
② 기업의 재산내역을 알 수 있게 한다.
③ 기업의 일정기간의 경영성과와 세금을 결정하는데 자료가 된다.
④ 기업의 자산구조가 어떤지를 알 수 있게 한다.
⑤ 기업의 지급능력이 어떤지를 알 수 있게 한다.

주관식

1. 현대 기업경영에서 재무관리담당자의 4가지 기능을 제시하고 각각 설명하시오.

2. 현대 재무관리에서 이윤극대화 보다 기업가치 극대화가 기업의 목표에 더 적합하다고 보는 이유를 설명하시오.

3. 재무관리의 목표로 주가의 극대화가 적합한 이유를 설명하시오.

제 2 장
레버리지 분석

제 2 장 레버리지 분석

제1절 레버리지의 의의와 중요성

[그림 2-1]은 레버리지와 기업가치의 관계를 보여주고 있다. [그림 2-1]에서 볼 수 있는 것처럼 자본예산을 어떻게 편성하느냐에 따라 영업비용의 구조가 결정되며, 영업비용의 구조가 기업의 영업이익과 영업위험에 영향을 미친다. 한편 자본구조를 어떻게 유지하느냐에 따라 고정재무비용이 결정되며, 고정재무비용이 기업의 순이익과 재무위험에 영향을 미친다.

기업위험은 영업위험과 재무위험으로 구분되며, 영업위험은 기업의 투자정책에 따라 그리고 재무위험은 자본구조에 따라 영향을 받는다. 그리고 기업의 투자정책과 자본구조정책에 따라 기업의 수익력과 기업위험이 결정되며, 기업의 수익력과 기업위험의 교환관계에서 기업가치가 결정된다.

그림 2-1. 레버리지와 기업가치의 관계

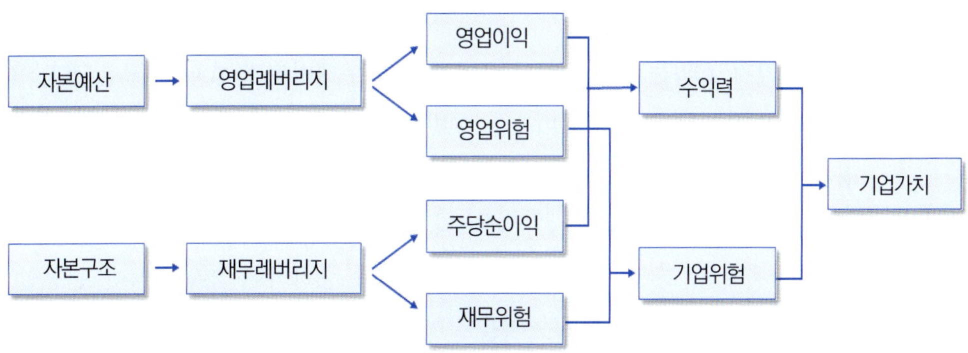

1. 레버리지의 의의

레버리지(leverage)는 지렛대 또는 지렛대 작용을 의미한다. 지렛대는 무거운 물건을 이동시키거나 끌어올릴 때 이용되는 도구인데 기업경영에서도 지렛대의 원리가 작용하고 있다. 기업경영에서 지렛대의 역할을 하는 것은 고정영업비용과 고정재무비용이다. 기업경영에서 레버리지란 기업이 고정비용을 수반하는 자산이나 자본을 이용하는 것으로 이해할 수 있다. 기업이 고정비용을 수반하는 자산을 이용하는 것을 영업레버리지라고 하며, 고정비용을 수반하는 자본을 이용하는 것을 재무레버리지라고 한다. 따라서 레버리지는 영업레버리지와 재무레버리지로 구분된다.

2. 레버리지 효과

레버리지 비율이 높을수록 높은 레버리지 효과를 기대할 수 있다. 그러나 레버리지 효과가 언제나 유리하게 작용하는 것은 아니다. 레버리지 비율이 높을수록 수익력이 증가하지만 한편으로는 영업위험과 재무위험을 증가시켜 많은 기업위험을 부담해야 하기 때문이다. 예를 들어 예상 밖으로 경영환경이 호전되어 판매량이 증가할 경우에는 판매량의 증가율보다 더 큰 비율로 영업이익이 증가하지만 예상 밖으로 경영환경이 악화되어 판매량이 감소할 경우에는 판매량의 감소율보다 더 큰 비율로 영업이익이 감소하는 위험을 감수해야 한다.

레버리지 효과는 영업레버리지 효과와 재무레버리지 효과로 구분된다. 영업레버리지 효과는 고정영업비용을 수반하는 자산을 이용하는 경우 고정영업비용의 부담이 증가하여 판매량이 변동할 때 영업이익이 그보다 더 큰 비율로 변동하는 효과를 의미하며, 재무레버리지 효과는 고정재무비용을 수반하는 부채를 이용하는 경우 고정재무비용의 부담이 증가하여 영업이익이 변동할 때 주당순이익이 그보다 더 큰 비율로 변동하는 효과를 의미한다.

제2절 손익분기점 분석

1. 비용구조의 이해

경영활동을 수행하는 과정에서 발생되는 비용은 영업비용과 재무비용으로 구성되며, 영업비용은 다시 고정영업비용과 변동영업비용으로 구분된다. 변동영업비용(variable operating cost)은 판매량이 변동함에 따라 비례적으로 변동하는 비용을 말한다.

[그림 2-2]는 판매량과 변동영업비용의 관계를 보여주고 있다.

[그림 2-2]에서 보여주는 것처럼 판매량이 증가함에 따라 변동영업비용은 비례적으로 증가하는 특성이 있다. 예를 들어 직접노무비, 원재료구입비용과 판매수수료 등은 변동영업비용에 해당된다.

그림 2-2. 판매량과 변동영업비용의 관계

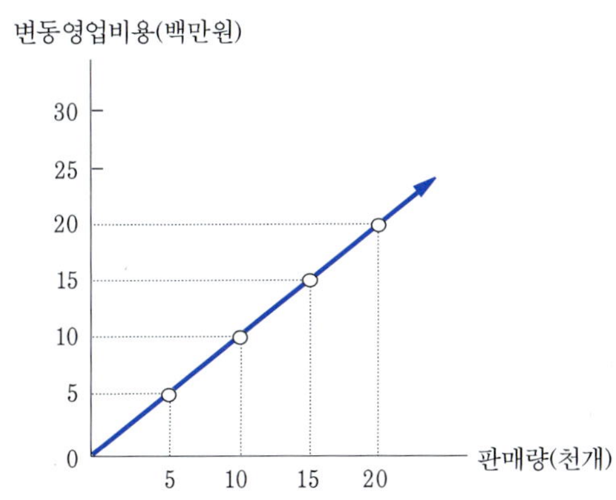

고정영업비용(fixed operating cost)은 판매량의 변동과 관계없이 일정하게 발생하는 비용을 말한다. 예를 들어 설비의 임차료, 사무실 임차료, 감가상각비와 사무직원의 임금 등은 고정영업비용에 해당된다.

그림 2-3. **판매량과 고정영업비용의 관계**

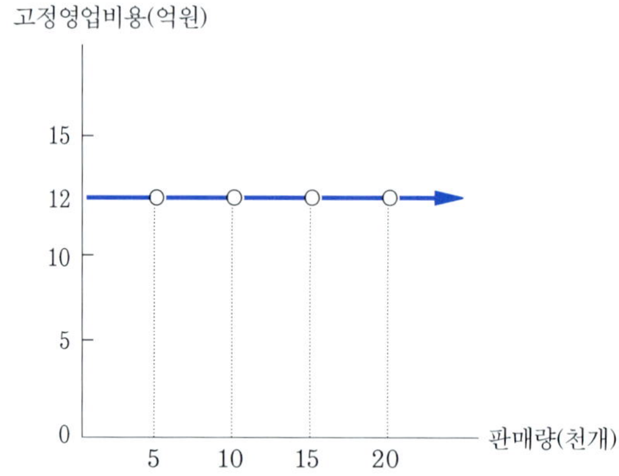

[그림 2-3]에서 보여주는 것처럼 판매량과 관계없이 고정영업비용은 일정하다. 재무비용은 지급이자로서 고정비에 해당하기 때문에 이를 흔히 고정재무비용이라고 부른다.

재무관리의 관점에서 보면 이처럼 영업비용을 고정영업비용과 변동영업비용으로 구분하는 것은 특별한 의미가 있다. 왜냐하면 비용구조를 통하여 자산 및 자본의 구성이 기업의 수익력과 위험에 어떤 영향을 미치는가를 파악할 수 있기 때문이다.

기업의 비용구조는 투자정책과 자본구조정책에 따라 영향을 받는다. 신규투자를 하면 할수록 감가상각비 등과 같은 고정비의 부담이 증가하며, 부채로 자금을 조달하는 비중이 클수록 지급이자의 부담이 증가하여 비용구조에 영향을 미치게 되며, 이와 같은 비용구조의 변화가 기업의 수익력과 위험에 영향을 미치게 된다.

총영업비용(Total Cost, TC)은 고정영업비용(fixed operating cost, FC)과 변동영업비용(variable operating cost, VC)의 합으로 나타낼 수 있다. 그리고 변동영업비용은 단위당 변동비용(v)에 판매량(Q)을 곱하여 아래의 식 (1)과 같이 산출할 수 있다.

$$TC = FC + VC = FC + vQ \tag{1}$$

2. 손익분기점분석

기업의 총수익(Total Revenue, TR)은 매출액으로 나타나는데 매출액은 판매단가(p)에 판매량(Q)을 곱하여 아래의 (2)와 같이 나타낼 수 있다.

$$TR = pQ \tag{2}$$

손익분기점(break-even point, BEP)은 총영업비용과 총수익이 같아지는 점, 즉 영업이익이 0이 되는 점을 말한다. 매출량을 기준으로 손익분기점을 산출하기 위해서 식 (1)과 (2)를 이용하면 다음과 같이 나타낼 수 있다.

$$TC = TQ$$
$$FC + VC = FC + vQ^* = pQ^* \tag{3}$$

FC: 고정영업비용
vQ: 변동영업비용
p : 판매단가
Q^*: 손익분기점 매출량

그리고 식 (3)을 통하여 손익분기점 매출량을 다음과 같이 구할 수 있다.

$$Q^* = \frac{FC}{p-v}$$

판매단가에서 단위당변동비를 뺀 분모($p-v$)를 단위당 공헌이익이라고 한다. 그리고 손익분기점 매출액은 손익분기점 매출량(Q^*)에 판매단가를 곱하여 계산할 수 있다. 손익분기점 매출액은 식 (3)을 이용하여 다음과 같이 식 (4)로 나타낼 수 있다.

$$p \times Q^* = p \times \frac{FC}{p-v} = \frac{FC}{1-\frac{v}{p}} \tag{4}$$

분모의 $1-\frac{v}{p}$를 단위당 공헌이익률이라고 한다.

예제 2-1. 손익분기점 판매량 및 매출액 계산

㈜잘난다는 드론을 생산하여 판매하고 있다. 고정영업비용은 1억원이고 단위당 변동비용은 4만원이다. 그리고 1대당 드론을 12만원에 판매하고 있다. ㈜잘난다의 손익분기점 판매량과 매출액은 얼마인가?

해설

1) 손익분기점 판매량을 구하면 다음과 같다.

$$\text{손익분기점 판매량} = \frac{\text{고정영업비용}}{\text{판매단가} - \text{단위당 변동비용}}$$

$$= \frac{100{,}000{,}000}{120{,}000 - 40{,}000} = 1{,}250\text{대}$$

2) 손익분기점 매출액을 구하면 다음과 같다.

$$\text{손익분기점 매출액} = \text{손익분기점 판매량} \times \text{판매단가}$$

$$= 1{,}250\text{대} \times 120{,}000 = 150{,}000{,}000\text{원}$$

제3절 영업레버리지 분석

기계설비의 구입과 공장 신설 또는 시설 확장과 같이 비유동자산에 투자를 많이 할수록 감가상각비 등과 같은 고정영업비용이 증가하기 때문에 투자정책이 기업의 영업이익과 영업위험에 영향을 미친다. 이처럼 투자정책이 기업의 영업이익과 영업위험에 미치는 영향을 측정하는데 이용되는 도구가 바로 영업레버리지도이다.

영업레버리지도(degree of operating leverage: DOL)는 현재의 조업도 수준에서 매출액 또는 판매량이 변동할 때 영업이익이 변동하는 정도를 측정하는 도구로 식 (5)와 같다.

$$DOL = \frac{\text{영업이익 변화율}}{\text{판매량 변화율}} \tag{5}$$

$$\text{판매량 변화율} = \frac{\Delta Q}{Q}$$
$$\text{영업이익 변화율} = \frac{\Delta EBIT}{EBIT}$$

식 (5)에서 영업이익은 식 (6)과 같으며,

$$EBIT = Q(p-v) - FC \tag{6}$$

p : 단위당 판매가격
v : 단위당 변동영업비용
FC : 고정영업비용
Q : 판매량

영업이익의 변화액은 식 (7)과 같다.

$$\Delta EBIT = \Delta Q(p-v) \tag{7}$$

식 (6)과 식 (7)을 식 (5)에 대입하여 정리하면 식 (8)과 같다.

$$DOL = \frac{Q(p-v)}{Q(p-v)-F} = \frac{\text{공헌이익}}{\text{영업이익}} \tag{8}$$

식 (8)에서 공헌이익은 매출액에서 변동영업비용을 차감한 금액을 의미한다. 따라서 공헌이익을 영업이익으로 나누어 영업레버리지도를 측정할 수 있다.

고정영업비용이 없는 경우에는 판매량의 변화율과 영업이익의 변화율이 일치하기 때문에 영업레버리지 효과를 기대할 수 없지만 영업위험을 부담하지 않아도 된다. 그러나 고정영업비용이 있는 경우에는 판매량의 변화율보다 영업이익의 변화율이 더 커지는 영업레버리지 효과를 기대할 수 있지만 영업위험을 부담해야 한다.

예제 2-2. 영업레버리지도의 계산과 의미

서울(주)는 인터넷을 통하여 고객으로부터 마우스를 주문받아 협력업체로부터 개당 9,000원에 매입하여 10,000원에 연간 10백만 개를 판매하고 있다. 그런데 판매정책을 바꾸기 위하여 마우스를 직접 생산하는 문제를 검토하고 있다. 생산판매정책으로 바꾸는 경우 단위당 변동영업비용과 연간 고정영업비용으로 각각 7,500원과 150억원을 부담해야 한다. 영업레버리지도를 구하고, 그것이 어떤 의미를 갖는지를 설명하시오.

해설

1) 주문판매정책에서 영업레버리지도를 구하면 다음과 같다.

$$\text{주문판매정책 } DOL = \frac{\text{10백만개(10,000원}-\text{9,000원)}}{\text{10백만개(10,000원}-\text{9,000원)}-\text{0원}} = 1.0$$

주문판매정책의 DOL은 1.0이다. 이는 현재의 조업도 수준에서 판매량이 1% 변화할 때 영업이익이 1% 변화한다는 것을 의미한다. 따라서 영업비용이 모두 변동영업비용으로 구성되어 있는 주문판매정책에서는 판매량의 변화율과 영업이익의 변화율이 일치하기 때문에 영업레버리지 효과를 기대할 수 없다. 그러므로 주문판매정책에서는 수익력이 개선되지 않는 대신에 영업위험을 부담하지 않아도 된다.

2) 생산판매정책에서 영업레버리지도를 구하면 다음과 같다.

$$\text{생산판매정책 } DOL = \frac{\text{10백만개(10,000원}-\text{7,500원)}}{\text{10백만개(10,000원}-\text{7,500원)}-\text{150억원}} = 2.5$$

생산판매정책의 DOL은 2.5이다. 이는 현재의 조업도 수준에서 판매량이 1% 변화할 때 영업이익이 2.5% 변동한다는 것을 의미한다. 따라서 예상 밖으로 경영환경이 호전되어 판매량이 1% 증가하는 경우에는 영업이익이 2.5% 증가하기 때문에 수익력이 개선되는 효과를 기대할 수 있다. 그러나 예상 밖으로 경영환경이 악화되어 판매량이 1% 감소하는 경우에는 영업이익이 2.5% 줄어드는 영업위험을 감수해야 한다.

〈예제 2-2〉에서 서울(주)의 판매량이 10백만 개에서 각각 10%씩 증가하거나 감소하는 경우 영업이익이 어느 정도 증가하거나 감소하는지를 살펴보면 〈표 2-1〉과 같다.

표 2-1. 서울(주)의 영업레버리지 효과

	주문판매			생산판매		
	-10%		+10%	-10%		+10%
판매량(백만개)	9 ⇐	10	⇒ 11	9 ⇐	10	⇒ 11
매출액(억원)	900	1,000	1,100	900	1,000	1,100
변동영업비	810	900	990	675	750	825
고정영업비	-	-	-	150	50	150
영업이익	90 ⇐	100	⇒ 110	75 ⇐	100	⇒ 125
	-10%		+10%	-25%		+25%

〈표 2-1〉에서 보여주는 것처럼 주문판매정책에서는 판매량이 10% 변화할 때 영업이익이 같은 비율로 10% 변화하고 있으나 생산판매정책에서는 판매량이 10% 변동할 때 영업이익은 판매량변화율의 2.5배인 25% 변동하고 있다.

예상 밖으로 경영환경이 호전되어 판매량이 현재의 10백만 개에서 10% 증가할 경우에는 영업이익이 현재의 100억원에서 125억원으로 25% 증가하지만 예상 밖으로 경영환경이 악화되어 판매량이 10% 감소할 경우에는 영업이익이 100억원에서 75억원으로 25% 감소하는 위험을 부담해야 한다. 이처럼 영업이익의 변화율이 판매량의 변화율보다 크게 나타나는 이유는 고정영업비용이 지렛대 역할을 하기 때문이다.

제4절 재무레버리지 분석

재무레버리지는 기업이 재무고정비를 수반하는 부채를 이용하는 것으로 총비용 중에서 고정재무비용이 차지하는 비중 또는 총자본 중에서 부채가 차지하는 비중으로 측정할 수 있다.

재무레버리지도는 현재의 조업도 수준에서 영업이익이 변동할 때 주당순이익이 변동하는 정도를 측정하는데 이용되는 도구로 식 (9)와 같다.

$$DFL = \frac{\text{주당순이익 변화율}}{\text{영업이익 변화율}} \tag{9}$$

$$\text{주당순이익 변화율} = \frac{\Delta EPS}{EPS}, \quad \text{영업이익 변화율} = \frac{\Delta EBIT}{EBIT}$$

식 (9)에서 주당순이익은 식 (10)과 같으며,

$$EPS = \frac{(EBIT - I)(1 - t_c)}{N} \tag{10}$$

N: 발행주식수
t_c: 법인세율
I: 지급이자

주당순이익 변화액은 식 (11)과 같다.

$$\Delta EPS = \frac{\Delta EBIT(1 - t_c)}{N} \tag{11}$$

식 (10)과 식 (11)을 식 (9)에 대입하여 정리하면 식 (12)와 같다.

$$DFL = \frac{Q(p-v) - F}{Q(p-v) - F - I} = \frac{EBIT}{EBIT - I} = \frac{\text{영업이익}}{\text{세전순이익}} \tag{12}$$

예제 2-3. 재무레버리지도의 계산과 의미

〈예제 2-2〉에서 생산판매정책으로 바꾼 서울(주)가 500억원의 투자자금을 연리 10%의 부채로 자금을 조달하며, 발행주식수는 1백만 주이고, 법인세율은 20%이다. 재무레버리지도를 구하고, 그것이 무엇을 의미하는지를 설명하시오.

해설

1) 재무레버리지도를 구하면 다음과 같다.

$$DFL = \frac{Q(p-v)-F}{Q(p-v)-F-I}$$

$$= \frac{10\text{백만개}(10{,}000\text{원}-7{,}500\text{원})-150\text{억원}}{10\text{백만개}(10{,}000\text{원}-7{,}500\text{원})-150\text{억원}-50\text{억원}} = 2.0$$

2) 재무레버리지도는 2.0이다. 이는 현재의 조업도 수준에서 영업이익이 1% 변동할 때 주당순이익이 2% 변동한다는 것을 의미한다. 따라서 예상 밖으로 경영환경이 호전되어 영업이익이 1% 증가하는 경우에는 주당순이익이 2% 증가하기 때문에 수익력이 개선되는 효과를 기대할 수 있다. 그러나 반대로 예상 밖으로 경영환경이 악화되어 영업이익이 1% 감소하는 경우에는 주당순이익이 2% 줄어드는 재무위험을 감수해야 한다.

영업이익이 25% 변동할 때 주당순이익이 어느 정도 변동하는지를 정리하면 〈표 2-2〉와 같다.

표 2-2. 서울(주)의 재무레버리지 효과

		−25 %		+25 %	
영업이익(억원)	75	⇐	100	⇒	125
지급이자	50		50		50
세전순이익	25		50		75
법인세(20%)	5		10		15
세후순이익	20		40		60
주당순이익(원)	2,000	⇐	4,000	⇒	6,000
		- 50%		+ 50 %	

서울(주)가 주문판매정책을 생산판매정책으로 수정하는 경우 예상 밖으로 경영환경이 호전되어 영업이익이 100억원에서 125억원으로 25% 증가할 경우에는 주당순이익이 4,000원에서 6,000원으로 50% 증가하지만, 예상 밖으로 경영환경이 악화되어 영업이익이 100억원에서 75억원으로 25% 감소할 경우에는 주당순이익이 4,000원에서 2,000원으로 50% 감소하는 위험을 부담

해야 한다. 이처럼 주당순이익의 변화율이 영업이익의 변화율보다 크게 나타나는 이유는 고정재무비용이 지렛대 역할을 하기 때문이다.

제5절 결합레버리지

시설확장이나 신제품 생산 등을 위하여 기계설비를 구입하거나 공장을 건설하고자 할 때 경영자들은 보통주나 부채를 통하여 투자자금을 조달한다.

이 경우 기업은 신규투자에 따라 추가적인 고정영업비용을 부담해야 하며, 그밖에 부채조달에 따른 재무고정비를 부담해야 한다.

앞서 언급한 바와 같이 고정비의 부담이 증가할수록 판매량의 변동에 따라 영업이익과 주당순이익의 변동성이 확대되는 현상이 나타나는데 이러한 효과를 결합레버리지 효과(combined leverage effects)라고 한다.

이 경우 고정영업비용과 고정재무비용이 레버리지 작용을 하기 때문에 판매량의 변화율보다 주당순이익의 변화율이 더 큰 비율로 확대되는 결합레버리지효과를 기대할 수 있다. 그리고 예상 밖으로 경영환경이 악화되어 판매량이 감소할 때 주당순이익이 줄어드는 기업위험을 결합레버리지도를 이용하여 측정할 수 있다.

결합레버리지도(degree of combined leverage: DCL)는 현재의 조업도 수준에서 판매량이 변동할 때 주당순이익이 변동하는 정도를 측정하는데 이용되는 도구로 식 (13)과 같이 정의할 수 있다.

$$DCL = \frac{\text{주당순이익 변화율}}{\text{판매량 변화율}} \tag{13}$$

식 (13)에서 주당순이익 변화율과 판매량 변화율을 대입하여 정리하면 식 (14)와 같다.

$$DCL = \frac{Q(p-v)}{Q(p-v)-F-I} = \frac{\text{공헌이익}}{\text{세전순이익}} \tag{14}$$

한편 식 (14)를 식 (15)와 같은 두 가지 요소로 분해할 수 있다.

$$DCL = \frac{Q(p-v)}{Q(p-v)-F} \times \frac{Q(p-v)-F}{Q(p-v)-F-I} \tag{15}$$

식 (15)에서 보여주는 것처럼 결합레버리지도는 영업레버리지도와 재무레버리지도를 결합한 것과 같다. 따라서 결합레버리지도는 식 (16)과 같다.

$$DCL = DOL \times DFL \tag{16}$$

식 (16)에서 보여주는 것처럼 영업레버리지 효과와 재무레버리지 효과를 통하여 결합레버리지 효과가 나타난다.

예제 2-4. 결합레버리지도의 계산과 의미

〈예제 2-2〉에서 서울(주)가 500억원의 투자자금을 연리 10%의 부채로 자금을 조달하여 생산공장을 건설하여 주문판매정책에서 생산판매정책으로 수정하려 한다. 발행주식수는 1백만 주이고, 법인세율은 20%이다. 결합레버리지도를 구하시오.

해설

결합레버리지도를 구하면 다음과 같다.

$DCL = 2.5 \times 2.0 = 5.0$

서울(주)에서 판매량이 현재의 10백만개에서 각각 10% 증가하거나 감소하는 경우 주당순이익은 판매량변화율의 5배인 50% 증가하거나 감소하게 된다. 이를 표로 정리하면 〈표 2-3〉과 같다.

표 2-3. 서울(주)의 결합레버리지 효과

		−10%		+10%	
판매량(백만개)	9	⇐	10	⇒	11
매출액(억원)	900		1,000		1,100
변동영업비	675		750		825
고정영업비	150		150		150
영업이익	75		100		125
지급이자	50		50		50
세전순이익	25		50		75
법인세(20%)	5		10		15
세후순이익	20		40		60
주당순이익(원)	2,000	⇐	4,000	⇒	6,000
		−50%		+50%	

요약

1. 손익분기점(break-even point, BEP)은 총영업비용과 총수익이 같아지는 점으로 영업이익이 0이 되는 점을 말한다. 다시 말하면 기업의 생산능력 범위 안에서 총영업비용을 회수하는데 필요한 최소한의 조업도를 말한다.
2. 기업경영에서 레버리지란 기업이 고정비용을 수반하는 자산이나 자본을 이용하는 것으로 이해할 수 있는데, 기업경영에서 지렛대의 역할을 하는 것은 고정영업비용과 고정재무비용이다.
3. 영업레버리지는 기업이 비유동자산을 이용하기 위해 부담하는 고정영업비용의 정도를 말한다.
   영업레버리지가 높아질수록 고정영업비용의 부담이 증가하기 때문에 매출액이 변동할 때 영업이익이 그보다 더 큰 비율로 변동하는 영업레버리지 효과(operating leverage effects)를 기대할 수 있다.
4. 재무레버리지는 기업이 조달하는 자금 중에서 타인자본으로 조달하는 비율을 말한다.
   재무레버리지는 부채로 자금을 조달하여 자본구조를 수정할수록 재무고정비의 부담이 증가하며, 이 경우 고정재무비용이 레버리지 역할을 하여 영업이익이 변동할 때 그보다 높은 비율로 순이익이 변동하는 재무레버리지 효과(degree of financial leverage: DFL)를 기대할 수 있다.
5. 매출액에 대한 고정비용의 부담이 증가할수록 매출액의 변동에 따라 영업이익변동이 나타나고 영업이익변동에 따른 주당순이익의 변동성이 확대되는 영업레버리지 효과와 재무레버리지 효과가 나타나는데 이러한 효과를 결합레버리지 효과(combined leverage effects)라고 한다.

연습문제

OX 문제

1. 레버리지 비율이 높을수록 높은 레버리지 효과를 기대할 수 있다.
2. 레버리지 효과가 언제나 유리하게 작용한다.
3. 현재의 조업도 수준에서 영업이익이 변동할 때 주당순이익이 변동하는 정도를 측정하는데 이용되는 도구는 영업레버리지도이다.
4. 결합레버리지도는 영업레버리지도와 재무레버리지도를 결합한 것이다.

단답형

1. (　　　　　　)은 설비의 임차료, 사무실 임차료, 감가상각비와 사무직원의 임금 등과 같이 판매량의 변동과 관계없이 일정하게 발생하는 비용을 말한다.
2. (　　　　　　)은 총영업비용과 총수익이 같아지는 점으로 영업이익이 0이 되는 점을 말한다. 즉, 기업의 생산능력범위 내에서 영업비용을 회수하는데 필요한 최소한의 조업도를 말한다.
3. (　　　　　　)는 기업이 비유동자산을 이용하기 위해 부담하는 고정영업비용의 정도를 말한다.
4. (　　　　　　)는 현재의 조업도 수준에서 매출액과 판매량이 변동할 때 영업이익이 변동하는 정도를 말한다.
5. (　　　　　　)는 현재의 조업도 수준에서 영업이익이 변동할 때 주당순이익이 변동하는 정도를 말한다.
6. (　　　　　　)는 현재의 조업도 수준에서 판매량이 변동할 때 주당순이익이 변동하는 정도를 말한다.
7. (　　　　　　)효과는 고정재무비용을 수반하는 부채를 이용하는 경우 고정재무비용의 부담이 증가하여 영업이익이 변동할 때 주당순이익이 그보다 큰 비율로 변동하는 효과를 의미한다.

객관식

1. 다음 레버리지에 관한 설명 중 옳은 것은?
   ① 타인자본사용에 따른 지급이자의 크기가 커지면 재무위험도 커진다.
   ② 재무위험도가 커지면 경영위험도도 커진다.
   ③ 영업레버리지도가 높으면 매출액의 변화율에 대해 당기순이익의 변화율이 크다는 것을 의미한다.
   ④ 영업레버리지도가 높으면 매출액의 변화율에 대해 당기순이익의 변화율이 작다는 것을 의미한다.

2. 다음 중 손익분기점 분석에서 손익분기점의 결정요소가 아닌 것은?
   ① 생산량
   ② 고정비
   ③ 매출액
   ④ 인플레이션

3. 공헌이익의 개념으로 옳게 설명한 것은? [2014 경영지도사]
   ① 매출액에서 고정비를 차감한 것이다.
   ② 매출액에서 영업외비용을 차감한 것이다.
   ③ 매출액에서 변동매출원가와 변동관리비를 차감한 것이다.
   ④ 매출원가에서 고정비를 차감한 것이다.
   ⑤ 매출원가에서 변동비를 차감한 것이다.

4. 손익분기점 분석에 관한 설명으로 옳지 않은 것은? [2015 경영지도사]
   ① 손익분기점은 총고정비를 단위당 공헌이익으로 나눈 것이다.
   ② 손익분기점이 낮을수록 경영위험이 높다는 것을 의미한다.
   ③ 손익분기점분석은 매출액 또는 매출량이 어느 정도 되어야 영업비용을 보상하고 영업이익이 발생하기 시작하는가를 파악하는 것이다.
   ④ 손익분기점 수준이 낮다는 것은 영업성과의 마진이 상대적으로 크다는 것을 의미한다.
   ⑤ 손익분기점은 총수익과 총영업비용이 같아 영업이익이 영(0)이 되는 판매량이나 판매액을 의미한다.

5. 손익분기점(BEP)분석의 한계점이 아닌 것은? [2013 경영지도사]
① 비용분해가 쉽지 않다.
② 제품의 종류가 많으면 자료의 정확성이 떨어진다.
③ 수익과 이익간의 관계만 선형관계를 나타낸다.
④ 시간이 경과함에 따라 판매가격이나 생산원가 등이 달라진다.
⑤ 고정비와 변동비의 구분이 어렵다.

6. 재무레버리지(DFL)가 2라면 다음 설명 중 올바른 것은?
① 영업이익이 1% 변화할 때 주당이익이 2% 변화하는 것을 의미한다.
② 매출액이 1% 변화할 때 주당이익이 2% 변화하는 것을 의미한다.
③ 매출액이 1단위 변화할 때 주당이익이 2단위 변화하는 것을 의미한다.
④ 영업이익이 1단위 변화할 때 주당이익이 2단위 변화하는 것을 의미한다.

7. 다음 중 결합레버리지효과를 바르게 설명한 것은?
① 매출액의 변화가 영업이익에 미치는 영향을 의미한다.
② 영업이익의 변화가 주당이익에 미치는 영향을 의미한다.
③ 영업이익의 변화가 순이익에 미치는 영향을 의미한다.
④ 매출액의 변화가 주당이익에 미치는 영향을 의미한다.

주관식

1. 재무레버리지를 설명하고 재무레버리지도가 2라면 무엇을 의미하는지 설명하라.

2. 영업레버리지 효과와 재무레버리지 효과를 비교 설명하시오.

3. (주)맛있다는 마카롱을 만들어 판매하고 있다. 월간 고정비는 1천만원이고 마카롱 하나당 변동비는 300원이다.
마카롱 1개당 판매가격이 800원일 때 월간 손익분기점 판매량과 판매금액은 얼마인가?

4. 다음 재무자료를 이용하여 질문에 답하시오.

연간판매량: 5백만대,	단위당판매가격: 10,000원,
단위당영업변동비: 4,000원,	연간 영업고정비: 200억원,
지급이자: 10억원	

1) 영업레버리지도를 계산하고, 그 의미를 설명하시오.
2) 재무레버리지도를 계산하고, 그 의미를 설명하시오.
3) 결합레버리지도를 계산하고, 그 의미를 설명하시오.

5. 상도(주)의 손익계산서는 다음과 같다.

손익계산서

매출액	2,000억원
변동영업비용	1,000
고정영업비용	500
영업이익	500
고정재무비용	100
법인세차감전순이익	400
법인세(30%)	120
당기순이익	280

1) 공헌이익을 구하시오.
2) 영업레버리지도를 구하시오.
3) 재무레버리지도를 구하시오.
4) 결합레버리지도를 구하시오.

6. H제약회사는 건강회복에 좋은 약이라고 광고하는 '건강활력비타민' 음료를 판매하고 있다. 이 제품의 1병 가격은 1,000원이고, 1병당 변동비는 800원, 제품 생산에 소요되는 총고정비는 10,000,000원인 경우 손익분기점 매출량은?

[2017 경영지도사 수정]

제 3 장

화폐의 시간가치

제 3 장
화폐의 시간가치

제1절 기초개념

일반적으로 기업의 재무의사결정은 현재시점에서 이루어지나 이로부터 얻어지는 수익은 미래의 시점에서 실현된다. 따라서 기업이 재무의사결정을 할 때 화폐의 시간가치를 고려해야 한다.

일반적으로 소비자들은 똑같은 금액일 경우 미래의 현금보다는 현재의 현금을 더 선호하는 데 이를 유동성 선호라고 한다. 이러한 이유는 크게 4가지로 설명될 수 있다.

첫째, 소비자들은 미래의 소비보다는 현재의 소비를 선호하는 시차선호의 성향이 있다. 즉 인간의 생명은 유한하기 때문에 현재소비가 가능한 현재 현금흐름을 선호하게 된다.

둘째, 미래의 현금은 인플레이션에 따르는 구매력 감소의 가능성이 항상 존재하고 있다. 즉 인플레이션하에서 미래의 현금흐름은 동일한 금액의 현재 현금흐름보다 그 구매력이 떨어지게 된다.

셋째, 현재의 현금은 새로운 투자기회가 주어질 경우 생산활동을 통하여 높은 수익을 얻을 수 있다. 마지막으로, 미래의 현금흐름은 미래의 불확실성으로 인하여 항상 위험이 존재하게 된다.

이와 같이 화폐란 시간이 지남에 따라 그 가치가 달라지는 것이므로 현금흐름의 발생시점이 다를 경우 화폐의 시간가치를 고려하여야 한다.

소비자들의 유동성 선호를 반영하는 화폐의 시간가치를 나타내는 척도가 시장이자율이다. 시장이자율은 시간이 다른 화폐의 상대적 가치를 나타내는 것으로, 미래가치를 현재가치로 또는 현재가치를 미래가치로 평가하기 위한 기준이 된다. 따라서 시장이자율은 시차선호, 인플레이션, 투자기회, 위험 등을 반영하여 결정된다.

제2절 이자율

1. 단리이자율과 복리이자율

100만원을 은행 정기예금에 투자하여 1년 뒤에 104만원을 받는다고 하자. 100만원의 현금을 지금 쓰지 않고 정기예금에 넣는 대가로 받게 되는 4만원을 이자라고 한다. 따라서 이자는 자금의 거래가격을 말한다. 이자 4만원을 투자원금 100만원에 대한 비율로 나타낸 것을 이자율 또는 금리라고 한다.

이자를 계산하는 방법으로 단리계산과 복리계산 방법이 있다. 단리계산 방식은 투자원금에 대한 이자만을 고려하여 계산하는 방식을 말한다. 예를 들어 100만원을 연리 4%로 2년간 예금에 투자한다고 가정하자. 단리로 계산하면 2년 후에 받게 되는 원리금은 원금 100만원과 이자 8만원을 합한 108만원이 된다.

단리계산 공식은 식 (1)과 같다.

$$FV = PV(1 + r \times n) \tag{1}$$

FV: n년 후의 원리금합계액　　PV: 원금(현재가치)
r: 이자율　　n: 기간(년)

복리계산 방식은 투자원금에 매 기간 발생한 이자를 더하고 그 더한 원리금합계액을 새로운 투자원금으로 하여 이자를 계산하는 방식을 말한다. 예를 들어 100만원을 연리 4%로 정기예금에 투자하는데 복리계산이 적용된다고 하자. 먼저 1년 후의 원리금 합계액은 100만원(1+0.04)=104만원이 되고, 1년 후의 원리금 104만원이 다시 투자원금으로 투자되어 2년 후에 104만원(1 + 0.04) = 1,081,600원을 받게 된다. 이는 100만원에 (1+0.04)를 두 번 곱한 것과 같다. 다시 말하여 100만원$(1+0.04)^2$=1,081,600원과 같다. 따라서 복리계산 공식은 식 (2)와 같다.

$$FV = PV(1+r)^n \tag{2}$$

이상에서 살펴본 바와 같이 단리계산 방식에 의한 원리금합계액은 원금과 원금에 대한 이자를 합하여 계산하며, 복리계산 방식에 의한 원리금합계액은 원금과 원금에 대한 이자액과 이자에 대한 이자액(Interest on Interest, IOI)을 합하여 계산한다. 따라서 단리계산 방식보다 복리계산 방식이 훨씬 유리하다고 할 수 있다. 대부분의 경우 금융거래에서는 복리계산 방식이 적용되기 때문에 특별한 경우가 아니고는 복리계산 방식을 사용해야 한다.

2. 연표시이자율과 연실효이자율

금융기관에서는 실제 연 단위로 이자를 계산하는 조건이 아니라 6개월, 3개월 등과 같은 단위로 이자를 계산하는 조건의 금융상품을 판매하고 있다. 예를 들어 100만원을 연리 4%로 2년 동안 매 6개월마다 복리계산 하는 조건으로 정기예금에 투자한다면 100만원을 (1+0.02)로 4번 반복하여 투자하는 셈이 된다. 이 경우 2년 후에 100만원 (1+0.02)(1+0.02)(1+0.02)(1+0.02) = 1,082,432원의 원리금을 받게 된다. 따라서 복리계산 방식을 일반식으로 나타내면 식 (3)과 같다.

$$FV = PV\left(1+\frac{r}{m}\right)^{n\times m} \tag{3}$$

FV : n년 후의 원리금합계액　　PV : 원금(현재가치)
r : 이자율　　n : 기간(년)
m : 연간 이자지급횟수

이자지급횟수에 따라 원리금합계액이 다르게 나타난다. 따라서 복리계산 기간이 서로 다른 투자대상을 비교하기 위해서 연표시이자율(annual percentage rate: APR)을 연실효이자율(effective annual rate: EAR)로 수정해야 한다.

통상적으로 금융기관에서 이자율을 표시할 때는 연 4% 등과 같이 연 단위로 표시한다. 이 경우 1년 미만의 단위기간 이자율은 연 단위로 조정하여 표시하는데 이를 연표시이자율이라고 한다.

예를 들어 100만원을 매 6개월마다 2%씩의 이자를 지급받는 조건으로 1년 동안 예금을 한다고 하자. 이 경우 6개월 이자율은 2%이므로 이를 연 단위로 표시하면 4%가 되는데 이를 연표시이자율이라고 한다. 한편 매 6개월마다 2%의 이자를 지급받는 조건으로 100만원을 1년간 예금을 한다면 1년 후에 100만원(1+0.02)(1+0.02) = 1,040,400원의 원리금을 받게 된다. 이 경우 실제로 받는 이자율은 년 4.04%가 되는데, 이를 연실효이자율이라고 한다. 연실효이자율은 복리계산을 전제로 하는 경우 1년 동안에 받거나 부담해야 하는 실제 이자율을 의미한다. 연실효이자율과 연표시이자율 사이에는 식 (4)와 같은 관계가 성립한다.

$$EAR = (1 + \frac{APR}{m})^m - 1 \tag{4}$$

EAR: 연실효이자율 　　　 APR: 연표시이자율
m: 연간 이자지급횟수

제3절 단일 현금흐름의 가치

1. 미래가치와 복리

지금 100만원을 연리 4%로 5년 동안 정기예금에 투자하는 경우 5년 후에 얼마의 원리금을 받을 수 있을까? 복리계산 공식 식 (5)를 이용하여 구할 수 있다.

$$FV = PV(1+r)^n \tag{5}$$

식 (5)에서 $(1+r)^n$을 미래가치계수(future value interest factor: FVIF)라고 한다. 〈부록 표 1〉에서 단일 현금흐름의 미래가치계수를 보여주고 있다.

따라서 100만원에 미래가치계수 $(1+0.04)^5$를 곱하여 5년 후의 원리금을 계산할 수 있다. 이처럼 현재가치에 미래가치계수를 곱하여 미래가치를 구할 수 있다. 이 경우 현재의 100만원을 5년 후의 화폐가치로 환산한 것을 미래가치라고 한다.

예제 3-1. 단일 현금흐름의 미래가치

100,000원을 연리 3%로 10년 동안 정기예금에 투자한다면 10년 후에 얼마의 원리금을 받을 수 있는가?

해설

1) 복리계산공식의 이용

$$FV_{10} = 100,000\text{원}\,(1+0.03)^{10} = 134,390\text{원}$$

2) 미래가치계수표의 이용

$$FV_{10} = 100,000\text{원} \times 1.3439 = 134,390\text{원}$$

따라서 10년 후에 134,390원의 원리금을 받을 수 있다.

2. 현재가치와 할인

현재가치(present value)는 미래의 현금흐름을 시장이자율(할인율)로 할인한 내재가치를 말한다. 예를 들어 현금흐름이 미래의 특정 시점에서만 실현되는 경우에는 식 (6)을 이용하여 현재가치를 계산할 수 있다.

$$PV = \frac{C_t}{(1+r)^t} \tag{6}$$

C_t : t년 후의 현금흐름　　　r: 할인율

예제 3-2. 1년 후 현금흐름의 현재가치

연리 5%인 정기예금증서에 투자하는 경우 1년 후에 100,000원을 받을 수 있다면 이 정기예금증서의 현재가치는 얼마인가?

해설

1년 후의 현금 100,000원을 연리 5%로 할인하여 예금증서의 가치를 구할 수 있다.

$$PV(\text{정기예금증서}) = \frac{100{,}000\text{원}}{(1+0.05)} = 95{,}238\text{원}$$

따라서 이 정기예금증서의 현재가치는 95,238원이다.

제4절 복수 현금흐름의 가치

재무의사결정을 위한 미래 현금흐름은 여러 기간에 걸쳐 발생하게 된다. 여러 기간에 걸쳐 발생하는 복수 현금흐름의 미래가치 및 현재가치는 기간별 현금흐름의 미래가치 또는 현재가치를 계산한 후 이들을 합하여 구할 수 있다.

1. 연금의 미래가치

정기예금의 경우처럼 현재의 예금액을 미래 특정 시점의 화폐가치로 환산한 것을 단일 현금흐름의 미래가치라고 한다. 그러면 정기예금과 함께 은행의 대표적인 금융상품인 적금의 미래가치는 어떻게 계산할 수 있을까? 적금은 일정한 기간 동안 정해진 금액을 불입하는 저축을 말한다. 적금과 비슷한 것이 연금이다. 연금은 일정한 기간 동안 매 기간마다 정해진 금액을 받는 금융상품이다.

연금의 미래가치는 매 기간 단일 현금흐름의 미래가치를 계산하여 합하면 된다. 예를 들어 매년 말에 100만원씩을 3년간 연리 3%로 적금에 불입하는 경우 3년 후에 얼마를 받을 수 있는가? 연금의 미래가치를 계산하여 구할 수 있다.

3년 동안 매년 말에 불입하는 금액 각각의 미래가치를 구하면 다음과 같다.

1년 후에 불입된 100만원의 미래가치=100,000원$(1+0.04)^2=1,081,600$원
2년 후에 불입된 100만원의 미래가치=100,000원$(1+0.04)^1=1,040,000$원
3년 후에 불입된 100만원의 미래가치=100,000원$(1+0.04)^0=1,000,000$원

이를 일반식으로 정리해 보자. 매년 말에 A원을 r%의 이자율로 n년 동안 연금에 투자하는 경우 연금의 미래가치(future value of annuity: FVA)는 다음과 같다.

1년 후에 불입된 A원의 미래가치 = $A(1+r)^{n-1}$
2년 후에 불입된 A원의 미래가치 = $A(1+r)^{n-2}$
3년 후에 불입된 A원의 미래가치 = $A(1+r)^{n-3}$
⋮
$n-1$년 후에 불입된 A원의 미래가치 = $A(1+r)^1$
n년 후에 불입된 A원의 미래가치 = $A(1+r)^0$

따라서 연금의 미래가치는 위의 각 미래가치를 합한 것과 같으므로 식 (7)과 같다.

$$FV_n = A(1+r)^{n-1}+A(1+r)^{n-2}+A(1+r)^{n-3}\cdots+A(1+r)^1+A(1+r)^0$$
$$= A\times\frac{(1+r)^n-1}{r} \qquad (7)$$

식(7)에서 $\frac{(1+r)^n-1}{r}$를 연금의 미래가치계수(future value interest factor of annuity, $FVIFA_{r\%,n}$)라고 한다.

연금의 미래가치계수는 〈부록 표 2〉에서 보여주고 있다. 따라서 연금의 미래가치는 매년 말에 불입되는 연금액에 연금의 미래가치계수를 곱하여 구할 수 있다.

예제 3-3. 연금의 미래가치

향후 5년 동안 연리 2%로 매년 말에 100,000원씩을 정기적금에 투자하려고 한다. 5년 후에 얼마를 받을 수 있는가?

해설

1) $FV_n = A \times \frac{(1+r)^n - 1}{r}$를 이용

$$FV_5 = 100{,}000\text{원}\left\{\frac{(1+0.02)^5 - 1}{0.02}\right\} = 520{,}400\text{원}$$

2) 연금의 미래가치계수표의 이용

$$FV_5 = 100{,}000\text{원} \times 5.2040 = 520{,}400\text{원}$$

따라서 5년 후에 520,400원을 받을 수 있다.

2. 연금의 현재가치

기업에서 검토하고 있는 대부분의 투자는 매년 현금흐름이 실현된다. 예를 들어 어느 할인점에서 지방에 점포를 신설하는 경우 점포의 운영을 통해서 매년 현금흐름을 얻을 수 있다.

이처럼 여러 기간에 걸쳐 현금흐름이 실현되는 경우에는 매 기간 실현되는 단일현금흐름을 할인율로 각각 할인하여 현재가치를 계산한 다음 이를 합산하여 현재가치를 계산할 수 있다.

1년 후와 2년 후에 각각 C_1원과 C_2원을 얻을 수 있는 자산 A의 현재가치는 식 (8)을 이용하여 계산할 수 있다.

$$PV(A) = \frac{C_1}{(1+r)} + \frac{C_2}{(1+r)^2} \tag{8}$$

식 (8)에서 볼 수 있는 것처럼 자산 A의 현재가치는 1년 후 C_1원의 현재가치와 2년 후 C_2원의 현재가치를 합산한 것과 같다.

따라서 식 (8)을 식 (9)와 같이 나타낼 수 있다.

$$PV(A) = PV(C_1) + PV(C_2) \tag{9}$$

따라서 n년 동안 매년 말에 C_t원씩을 얻을 수 있는 자산의 현재가치는 식 (10)과 같다.

$$PV(\text{자산}) = \frac{C_1}{(1+r)} + \frac{C_2}{(1+r)^2} + \cdots + \frac{C_n}{(1+r)^n} \tag{10}$$

식 (10)을 할인현금흐름모형(discounted cash flow model: DCF모형)이라고 한다.

이제 매년 말에 실현되는 현금흐름이 일정한 연금의 현재가치와 영구채권의 현재가치를 계산하는 방법에 대하여 살펴보자.

1) 현금흐름이 일정한 경우

연금(annuity)은 일정한 기간 동안 매 기간 말에 일정한 현금흐름이 실현되는 자산을 말한다. 예를 들어 자동차회사에서 자동차를 할부 판매하는 경우 매월 또는 매분기 말에 일정한 현금흐름(할부금)을 받는다. 따라서 자동차를 할부로 판매하는 것은 연금을 소유하는 것과 같은 의미를 갖는다. 연금의 현재가치는 식 (11)과 같다.

$$\begin{aligned} PV(\text{연금}) &= \frac{C}{(1+r)} + \frac{C}{(1+r)^2} + \cdots + \frac{C}{(1+r)^n} \\ &= C\left(\frac{1}{r} - \frac{1}{r(1+r)^n}\right) \end{aligned} \tag{11}$$

식 (11)에서 $\left(\frac{1}{r} - \frac{1}{r(1+r)^n}\right)$은 연금의 현가계수로 n기간 동안 매 기간 말에 실현되는 1원을 r%로 할인한 현재가치를 의미한다. 연금의 현가가치계수(present value interest factor of annuity, $\text{PVIFA}_{r\%,\, n}$)〈부록 표 4〉에서 보여주고 있다.

예제 3-4. 현금흐름이 일정한 연금의 현재가치

공장을 건설하는 경우 향후 20년 동안 매년 말에 10억원씩의 현금흐름을 얻을 수 있으며, 할인율은 10%이다. 공장의 가치는 얼마인가?

해설

1) $PV(\text{공장}) = 10\text{억원} \times \left(\frac{1}{0.1} - \frac{1}{0.1(1+0.1)^{20}} \right) = 8{,}513{,}560\text{천원}$

식 (11)을 이용하여 계산하면 공장의 가치는 8,513,560천원이다.

2) 연금의 현재가치계수표의 이용

$PV = 10\text{억원} \times 8.51356 = 8{,}513{,}560\text{천원}$

2) 현금흐름이 일정한 율로 성장하는 경우

연금은 일반적으로 물가상승률에 연동시켜 지급되고 있다. 예를 들어 물가가 5% 상승했다면 연금도 그에 따라 매년 5%씩 성장하게 된다. 이처럼 현금흐름이 정해진 기간에서 매 기간 일정한 율로 성장한다면 현금흐름의 현재가치는 어떻게 구할 수 있는가?

이와 같은 현금흐름은 기업이 실물자산에 투자하는 경우에서도 찾아볼 수 있다. 예를 들어 시설을 확장시키는 투자를 하면 수요의 증가에 따라 일정한 율로 현금흐름이 성장할 것이며, 이 경우 현금흐름은 성장하는 연금과 동일한 특성을 보이게 된다. 연금의 현재가치는 식 (12)와 같다.

$$\begin{aligned} PV(\text{연금}) &= \frac{C}{(1+r)} + \frac{C(1+g)}{(1+r)^2} + \cdots + \frac{C(1+g)^{n-1}}{(1+r)^n} \\ &= C\left[\frac{1}{r-g}\left(1 - \frac{(1+g)^n}{(1+r)^n}\right)\right] \end{aligned} \tag{12}$$

예제 3-5. 현금흐름이 일정한 율로 성장하는 연금의 현재가치

금년 초에 은퇴한 홍길동 씨는 향후 20년 동안 연금을 받으며, 금년 말에 받는 연금은 300만원이고, 그 후 연금은 19년 동안 매년 5%씩 성장하며, 할인율은 10%이다. 연금의 가치는 얼마인가?

해설

식 (12)를 이용하여 계산하면 연금의 가치는 36,336,252원이다.

$$PV(\text{연금}) = C\left[\frac{1}{r-g}\left(1-\frac{(1+g)^n}{(1+r)^n}\right)\right]$$

$$= 3{,}000{,}000\left[\frac{1}{0.1-0.05}\left(1-\frac{(1+0.05)^{20}}{(1+0.1)^{20}}\right)\right] = 36{,}336{,}252\text{원}$$

3. 영구채권의 현재가치

1) 현금흐름이 일정한 경우

영구채권(perpetuities)은 정해진 기간마다 일정한 이자를 영구히 지급하는 만기가 없는 채권을 말한다. 따라서 영구채권에 투자하면 매 기간 말에 일정한 이자(C원)를 영구히 받을 수 있다. 그러므로 영구채권의 가치는 식 (13)과 같다.1)

$$PV(\text{영구채권}) = \frac{C}{(1+r)} + \frac{C}{(1+r)^2} + \cdots + \frac{C}{(1+r)^\infty} = C\frac{1}{r} \qquad (13)$$

식 (13)을 무성장DCF모형(zero growth discounted cash flow model)이라고 한다.

---

1) $PV = \frac{C}{(1+r)} + \frac{C}{(1+r)^2} + \cdots + \frac{C}{(1+r)^\infty}$ (1)

식 (1)의 양변에 $\frac{1}{(1+r)}$을 곱하면 식 (2)와 같다.

$PV(\frac{1}{1+r}) = \frac{C}{(1+r)^2} + \frac{C}{(1+r)^3} + \cdots + \frac{C}{(1+r)^{\infty+1}}$ (2)

식 (2)에서 다음 관계가 성립한다.

$\lim_{t\to\infty}\frac{1}{(1+r)^{t+1}} \cong 0$

따라서 식 (1)에서 식 (2)를 차감하여 정리하면 식 (3)과 같다.

$PV\left(1-\frac{1}{(1+r)}\right) = \frac{C}{(1+r)}$ (3)

식 (3)을 PV에 대하여 정리하면 식 (4)와 같다.

$PV = C\frac{1}{r}$ (4)

예제 3-6. 현금흐름이 일정한 영구채권의 현재가치

향후 영구적으로 매년 말에 10억원의 현금흐름을 기대할 수 있는 공장을 신축하려고 하며, 할인율은 10%이다. 공장의 현재가치는 얼마인가?

해설

무성장DCF모형 식 (13)을 이용하여 현재가치를 구하면 공장의 현재가치는 100억원이다.

$$PV(\text{공장}) = C \times \frac{1}{r} = 10 \times \frac{1}{0.1} = 100\text{억원}$$

2) 현금흐름이 일정한 율로 성장하는 경우

현금흐름이 영구적으로 일정한 율로 성장하는 영구채권의 가치는 식 (14)와 같다.

$$\begin{aligned} PV(\text{영구채권}) &= \frac{C_0(1+g)}{(1+r)} + \frac{C_0(1+g)^2}{(1+r)^2} + \cdots + \frac{C_0(1+g)^{\infty}}{(1+r)^{\infty}} \\ &= C_1 \times \frac{1}{r-g} \qquad (14) \end{aligned}$$

식 (14)를 정률성장DCF모형(constant growth discounted cash flow model)이라고 한다.

예제 3-7. 현금흐름이 일정한 율로 증가하는 영구채권

공장을 건설하는 경우 향후 영구적으로 매년 5%씩 증가하는 현금흐름을 얻을 수 있으며, 연말의 현금흐름은 10억원이고, 할인율은 10%이다. 공장의 가치는 얼마인가?

해설

정률성장DCF모형 식 (14)를 이용하여 현재가치를 구하면 공장의 가치는 200억원이다.

$$\begin{aligned} PV(\text{공장}) &= C_1 \times \frac{1}{(r-g)} \\ &= 10 \times \frac{1}{(0.1-0.05)} \\ &= 200\text{억원} \end{aligned}$$

요약

1. 시장이자율은 시간이 다른 화폐의 상대적 가치를 나타내는 것으로서, 미래가치를 현재가치로 또는 현재가치를 미래가치로 평가하기 위한 기준이 된다. 시장이자율은 시차선호, 인플레이션, 투자기회, 위험 등을 반영하여 결정된다.
2. 단리계산 방식은 투자원금에 대한 이자만을 고려하여 계산하는 방식을 말한다.

   복리계산 방식은 원금과 원금에 대한 이자액과 이자에 대한 이자액을 합하여 계산된다.
3. 1년 미만의 단위기간 이자율은 연 단위로 조정하여 표시하는데 이를 연표시이자율이라고 한다.

   연실효이자율은 복리계산을 전제로 하는 경우 1년 동안에 부담해야 하는 실제 이자율을 의미한다.
4. 현재의 현금흐름을 미래의 특정시점에 평가한 가치를 미래가치라고 하고, 현재가치(present value)는 미래의 현금흐름을 시장이자율(할인율)로 할인한 내재가치를 말한다.
5. 여러 기간에 걸쳐 발생하는 다기간 현금흐름의 미래가치 및 현재가치는 기간별 현금흐름의 미래가치 또는 현재가치를 계산한 후 이들을 합하여 구할 수 있다.
6. 영구채권(perpetuities)은 정해진 기간마다 일정한 이자를 영구히 지급하는 만기가 없는 채권을 말하고, 연금(annuity)은 일정한 기간 동안 매 기간 말에 일정한 현금흐름이 실현되는 자산을 말한다.

연습문제

OX 문제

1. 화폐의 시간가치를 나타내는 척도는 시장이자율이다.
2. 여러 기간에 걸쳐 발생하는 현금흐름에 적용되는 이자계산 방식은 원금에 대한 이자액과 이자에 대한 이자액을 합하여 계산하는 복리계산 방식이다.
3. 현재가치는 미래의 현금흐름을 현재시점에 평가한 가치로서, 미래의 현금흐름을 시장이자율(할인율)로 할인한 내재가치를 말한다.
4. 영구연금은 일정한 기간 동안 매 기간 말에 일정한 현금흐름이 실현되는 자산을 말한다.

단답형

1. (　　　　　　)은 복리계산을 전제로 하는 경우 1년 동안에 부담해야 하는 실제 이자율을 의미한다.
2. (　　　　　　)는 미래의 현금흐름을 시장이자율(할인율)로 할인한 내재가치를 말한다.
3. (　　　　　　)은 일정한 기간 동안 매 기간 말에 일정한 현금흐름이 실현되는 자산을 말한다.
4. (　　　　　　)은 정해진 기간마다 일정한 이자를 영구히 지급하는 만기가 없는 채권을 말한다.

객관식

1. 연 이자율이 10%일 때 현재가치가 가장 높은 것은?
   ① 현재 100,000원
   ② 1년 뒤 108,000원
   ③ 2년 뒤 122,000원
   ④ 3년 뒤 132,000원

2. 할인율과 미래가치 사이에는 어떠한 관계가 있는가?
   ① 선형적 관계
   ② 비선형적 관계
   ③ 음의 관계
   ④ 반비례 관계

3. 다음 설명 중 틀린 것은?
   ① 기간이 길수록 현재가치는 증가한다.
   ② 기간이 길수록 미래가치가 증가한다.
   ③ 할인율이 커지면 현재가치가 감소한다.
   ④ 이자율이 증가하면 미래가치가 증가한다.

4. 다음 설명 중 틀린 것 K씨가 경품에 당첨되자 경품회사는 다음과 같은 네 가지 조건 중에 하나를 선택할 것을 제의하였다. 향후 이자율이 6% 수준에서 유지될 것으로 예상된다면, 어떤 조건이 K씨에게 가장 유리한가?
   ① 상금 1,000만원을 일시에 받는다.
   ② 6년 후 1,500만원을 받는다.
   ③ 매년 200만원씩 10년간 받는다.
   ④ 매년 60만원씩 영구연금을 받는다.

주관식

1. 4억원을 투자하여 슈퍼마켓을 운영하려고 한다. 1년 후에는 1억원의 손실, 2년과 3년 후에는 각각 2억원과 3억원의 현금흐름이 기대되며, 할인율은 13%이다.
   슈퍼마켓에 투자해야 하는가?

2. 연표시이자율이 8%이고, 매월 말에 이자가 지급된다면 이 경우 연실효이자율은 얼마인가?

3. 1억원을 10년 동안 연리 5%로 투자하는 경우 10년 후의 미래가치는 얼마인가?

4. 향후 5년 동안 연리 4%로 매년 말에 1,000만원씩을 저축한다면 5년 후에 얼마를 받을 수 있는가?

5. 5년 후의 결혼자금 1억원을 마련하려고 한다.
   연 8%의 금리가 가능하다면 지금 얼마를 투자해야 하는가?

6. 향후 5년 동안 매년 말에 1,000만원씩의 연금을 받을 수 있다.
   할인율이 4%라면 이 연금의 현재가치는 얼마인가?

7. 1년 후에 1억원의 이익이 실현되고 그 이후부터 매년 5%씩 영구히 증가한다.
   할인율이 8%라면 이 현금흐름의 현재가치는 얼마인가?

8. 1,548,000원을 연금에 투자하는 경우 매년 말에 138,000원씩을 영구히 받을 수 있다.
   할인율이 10%일 때, 연금에 가입해야 하는가?

9. 아파트를 구입하기 위하여 10억원을 대출받아 매년 말에 일정한 금액씩 상환하기로 하였다.
   10년 동안 4%로 갚아나간다면 매년 말에 얼마씩 상환해야 하는가?

10. 김철수는 겨울철의 열손실을 줄이기 위하여 보유하고 있는 주택을 보수하기로 하였다. 2,590,000원을 투자하여 보온공사를 하면 다음 해부터 영구히 매년 220,000원의 유류비를 절약할 수 있다.
유류비가 매년 몇 % 이상씩 상승해야만 경제성이 있는가? 단, 할인율은 12%이고 유류비는 매년 일정한 율로 영구히 상승한다고 가정한다.

11. 상도(주)의 경리부 대리로 근무하고 있는 30세인 김철수의 내년도 연봉은 15백만원이고, 연봉은 60세까지 매년 5%씩 상승하며, 할인율은 8%이다.
향후 30년 간 지급되는 연봉의 현재가치는 얼마인가?

제 4 장
채권과 주식의 가치평가

제 4 장
채권과 주식의 가치평가

제1절 가치평가 개요

재무관리의 목표는 기업가치를 극대화하는데 있다. 따라서 재무관리자는 기업가치를 증가시킬 수 있는 재무의사결정을 해야 한다. 실물자산에 투자하거나 자금을 조달할 때에도 마찬가지이다. 재무정책을 결정하기 위해서는 자산의 가치를 평가해야 한다. 자산의 가치는 자산을 소유함으로써 얻어지는 미래 현금흐름을 적절한 할인율로 할인한 현재가치와 같다.

기업은 회사채와 주식을 발행하여 자본을 조달하고 있다. 따라서 회사채에 투자함으로써 얻어지는 미래 현금흐름과 주식에 투자할 때 얻어지는 미래 현금흐름을 각각 적절한 할인율로 할인하여 회사채와 주식의 가치를 추정할 수 있다.

채권과 주식은 장기자금을 조달하는 수단이라는 점에서 공통점이 있지만 채권은 부채이며 주식은 자기자본이라는 점에서 차이가 있다. 따라서 채권을 보유한 투자자는 채권자로서 권리를 가지며, 주식을 보유한 투자자들은 주주로서 권리를 가지게 된다. 채권자는 기업의 경영실적과 관계없이 확정된 이자를 요구하는 한편 만기일에 원금의 상환을 요구할 수 있다. 한편 주주들은 기업의 경영실적에 따라 배당을 청구할 수 있는 권리를 갖는다. 또한 채권자들에게는 경영참가권이 주어지지 않으나 주주들에게는 경영참가권이 주어진다.

이 장에서는 채권과 주식의 가치평가에 대하여 살펴본다.

제2절 채권의 가치평가

1. 채권의 의의

채권은 정부, 공공기관과 주식회사 등이 일반 투자자들로부터 거액의 자본을 직접 조달하기 위하여 발행하는 차용증서를 말한다. 채권을 발행하기 위해서는 채권의 액면가, 이자율과 만기를 반드시 표기해야 하는데 이 세 가지를 채권의 3요소라고 한다.

채권은 발행자가 비교적 장기적으로 안정된 자금을 조달할 수 있는 수단 중의 하나이다. 채권을 발행하여 자금을 조달하는 경우 원리금의 상환기한이 정해져 있기 때문에 발행자는 영업실적과 관계없이 원금과 이자를 발행조건에 따라 정해진 날짜에 반드시 지급해야 한다.

2. 채권의 종류

1) 발행주체에 따른 분류

채권은 발행주체에 따라 국채, 지방채, 특수채, 금융채와 회사채 등으로 분류된다. 국채는 국가가 발행하는 채권으로 국고채권, 재정증권, 국민주택채권 등이 있고, 지방채는 지방자치단체가 발행하는 채권으로 지역개발공채, 도시철도채권, 상수도채권, 도로공채 등이 있다. 특수채는 특별법에 의해 설립된 특별법인이 발행한 채권으로 도시개발채권과 전력공사채권 등이 있고, 금융채는 특수채의 하나로 발행주체가 은행인 채권으로 통화안정증권, 산업금융채권, 중소기업채권 등이 있다. 한편 회사채는 주식회사가 발행하는 채권으로 보증사채, 무보증사채, 담보부사채, 전환사채, 신주인수권부사채 등이 있다.

2) 상환기간에 따른 분류

채권은 상환기간에 따라 단기채, 중기채와 장기채로 분류된다. 단기채는 상환기간이 1년 이하인 채권으로 통화안정증권과 재정증권 등이 있으며, 중기채는 상환기간이 1년 이상 5년 미만인 채권으로 국고채와 회사채 등이 있다. 장기채는 상환기간이 5년 이상인 채권으로 국민주택채권과 도시철도채권 등이 있다.

3) 이자율의 변동 여부에 따른 분류

채권은 이자율의 변동 여부에 따라 확정금리채권과 금리연동채권으로 분류된다. 확정금리채권은 정해진 이자율에 따라 확정된 이자를 약정한 날에 지급하는 채권이며, 금리연동채권은 정기예금 금리 등 기준금리에 연동되어 이자율이 변동하는 조건으로 발행되는 채권으로 산금채, 장기채 등 일부 금융채와 회사채가 이에 해당된다.

4) 이자지급방법에 따른 분류

채권은 이자지급방법에 따라 할인채, 복리채, 이표채, 단리채와 거치채 등으로 분류된다. 할인채(discount bond)는 만기일까지 지급해야 하는 이자를 액면금액에서 공제하여 할인된 금액으로 발행되는 채권을 말하며, 복리채(compound bond)는 이자가 매 기간마다 복리로 계산되어 만기일에 가서 원금과 이자를 함께 지급하는 조건으로 발행되는 채권을 말한다.

이표채(coupon bond)는 채권에 이표가 붙어있어 이자지급일에 이표를 떼어 발행기관 또는 지정된 금융기관에 제출하여 이자를 받는 조건으로 발행되는 채권을 말한다. 우리나라에서는 대부분의 회사채가 이표채로 발행되고 있으며, 보통 매 3개월마다 이자를 지급하는 조건으로 발행되고 있다.

단리채는 지급되는 이자를 단리로 계산하여 만기일에 가서 원금과 이자를 함께 지급하는 조건으로 발행되는 채권이며, 거치채는 일정한 기간이 경과한 이후부터 원금과 이자를 분할 지급하는 조건으로 발행되는 채권을 말한다.

3. 채권의 가치평가

자산의 가치는 그 자산을 보유함으로써 얻어지는 미래 현금흐름의 현재가치를 통하여 구할 수 있다. 마찬가지로 채권의 가치는 그 채권을 만기까지 보유함으로써 얻어지는 현금흐름, 즉 이자와 원금의 현재가치와 같다. 여기서는 채권을 보유할 때 실현되는 미래 현금흐름의 유형에 따라 할인채, 복리채와 이표채로 구분하여 채권의 가치평가에 대하여 살펴본다.

1) 할인채의 가치평가

할인채는 만기까지 지급되는 이자를 액면금액에서 공제하여 발행되므로 만기일에 액면금액만 상환하면 되는 채권이다. 따라서 할인채를 보유한 투자자는 만기일에 액면금액을 현금흐름으로 받기 때문에 만기일에 받는 액면금액의 현재가치를 구함으로써 할인채의 가치를 평가할 수 있다. 따라서 할인채의 가치는 식 (1)과 같다.

$$P_0 = \frac{F}{(1+r)^n} \tag{1}$$

P_0: 할인채의 가치　　F: 액면금액
r: 채권수익률(시장이자율)　　n: 만기까지의 기간

예제 4-1. 할인채의 가치평가

부산(주)는 액면가 100만원인 통화안정증권(할인채)을 매입하기로 하였다. 발행금리는 3.5%이며, 만기까지의 기간은 1년이고, 수익률은 4%이다. 통화안정증권의 가격은 얼마인가?

해설

$$P_0 = \frac{100\text{만원}}{(1+0.04)^1} = 961{,}535\text{원}$$

따라서 통화안정증권의 가격은 961,535원이다.

2) 복리채의 가치평가

복리채는 이자가 복리로 재투자되어 만기일에 원금과 이자를 함께 지급하는 채권이다. 따라서 복리채를 보유하는 경우 만기일에 원금과 이자에 해당하는 현금흐름을 얻을 수 있다. 그러므로 복리채의 가치는 식 (2)와 같다.

$$P_0 = \frac{F(1+i)^n}{(1+r)^n} \tag{2}$$

i: 표면 금리 　　　　r: 시장이자율(채권수익률)
F: 액면금액

예제 4-2. 복리채의 가치평가

홍길동은 액면가 100만원인 대구(주)의 회사채를 매입하려고 한다. 표면금리는 3%(연복리식)이고, 만기까지의 기간은 3년이며, 현재 시장에서 4%의 수익률에 거래되고 있다. 이 회사채의 가격은 얼마인가?

해설

$$P_0 = \frac{100만원(1+0.03)^3}{(1+0.04)^3} = 971{,}430원$$

따라서 대구(주)에서 발행한 회사채의 가격은 971,430원이다.

3) 이표채의 가치평가

이표채는 채권의 권면에 붙어있는 이표를 떼어 이자지급일에 이를 발행회사에 제출하여 이자를 받을 수 있는 채권이다. 따라서 이표채를 보유한 투자자는 매 이자지급일에 이자를 받고 만기일에 원금을 받는다. 따라서 이표채의 가치는 식 (3)과 같다.

$$P_0 = \frac{I}{(1+\frac{r}{m})} + \frac{I}{(1+\frac{r}{m})^2} + \cdots + \frac{I}{(1+\frac{r}{m})^{m\times n-1}} + \frac{I+F}{(1+\frac{r}{m})^{m\times n}} \quad (3)$$

P_0 : 이표채의 가치
F : 액면금액
I : 지급이자
r: 채권수익률
n : 만기까지의 기간
m : 연간 이자지급횟수

예제 4-3. 이표채의 가치평가

홍길동은 제주(주)가 발행한 3년 만기 회사채를 매입하려고 한다. 이 회사채의 액면가는 100만원이고, 표면금리는 4%이다. 이자는 매 3개월마다 지급되며, 만기까지의 잔존기간은 2년이고, 6%의 수익률로 시장에서 거래되고 있다. 회사채의 가격은 얼마인가?

해설

홍길동은 만기까지의 기간 2년 동안 8번 이자를 받을 수 있고, 만기일에 100만원의 원금을 받을 수 있다. 매 3개월마다 받는 이자는 100만원×0.04×1/4 = 10,000원이다. 따라서 회사채의 가격은 다음과 같다.

$$P_0 = \frac{10{,}000}{(1+\frac{0.06}{4})} + \frac{10{,}000}{(1+\frac{0.06}{4})^2} + \cdots + \frac{10{,}000}{(1+\frac{0.06}{4})^{4\times 2-1}} + \frac{10{,}000+1{,}000{,}000}{(1+\frac{0.06}{4})^{4\times 2}}$$

$= 962{,}570$원

따라서 회사채의 가격은 962,570원이다.

제3절 주식의 가치평가

1. 주식의 의의

주식은 자기자본을 조달하기 위하여 주식회사에서 발행한 유가증권을 말한다. 주식은 주식회사의 자본을 이루는 단위이며, 회사에 대한 권리가 있음을 알려주는 증표이기도 하다. 또한 주식회사에 대한 주주의 권리와 의무를 내용으로 하는 지위라는 의미가 있기 때문에 이를 주주권이라고 부르기도 한다. 따라서 주식을 소유한 주주는 주식의 내용과 수에 따른 권리와 의무를 가지게 되며, 소유비율에 따라 기업이익의 배분에 참여할 수 있으며, 기업지배에 영향력을 행사할 수 있다.

자본금을 구성하는 주식 1주의 액면금액은 100원 이상으로 하여야 하며, 회사가 정관으로 정한 경우에는 무액면주를 발행할 수도 있다. 다만 무액면주를 발행하는 경우에는 액면주를 발행할 수 없도록 규정하고 있다. 또한 회사가 정관으로 정한 경우에는 액면주를 무액면주로 전환하거나 무액면주를 액면주로 전환할 수 있다(상법 제329조).

주주들은 소유한 주식의 수에 따라 주주총회에서 의결권을 행사할 수 있으며, 의결권은 주식 1주당 1개이다(상법 제369조 1항). 또한 주주들은 소유한 주식의 수에 따라 배당을 받을 수 있으며(상법 제464조), 회사를 청산하는 경우 주주들은 소유한 주식의 수에 따라 잔여재산을 분배받을 수 있는 권리를 갖는다(상법 제538조).

2. 주식의 종류

주식은 여러 가지 기준에 따라 구분된다. 먼저 주권과 주주명부에 소유자의 이름이 명시된 기명주식과 명시되지 않은 무기명주식이 있다. 기명주식은 주권에 기재되어 주주명부에 등재된 사람에게 주주의 자격이 주어지는 주식이며, 무기명주식은 주주명부의 등재와 관계없이 주권을 점유한 사람에게 주주의 자격을 주는 주식을 말한다.

한편 정관으로 정한 경우 이익배당, 잔여재산 분배청구권, 의결권의 행사, 상환 및 전환 등에 대한 내용이 다른 종류의 주식을 발행할 수 있다. 이 경우 그 기준이 되는 주식을 보통주(common stock)라고 하며, 의결권은 없지만 보통주에 우선하여 이익을 배당받을 수 있는 권리가 부여된 주식을 우선주(preferred stock)라고 한다.

우선주는 1996년을 기준으로 구형 우선주와 신형 우선주로 구분된다. 구형 우선주는 보통주에 우선하여 배당을 받을 수 있는 권리가 있는 대신에 의결권이 없으며, 일반적으로 보통주에 비해 1% 정도 배당을 더 받을 수 있는 경우가 대부분이다. 그런데 우리나라의 경우 배당은 주식의 시가가 아닌 액면가를 기준으로 하여 배당률이 결정되기 때문에 배당을 더 받는다는 매력이 생각처럼 신선하지 않은 문제가 있다. 이러한 문제 때문에 구형 우선주의 발행이 중지되고 신형 우선주가 발행되기 시작하였는데, 신형 우선주는 발행 후 일정한 기간이 경과하면 보통주로 전환할 수 있는 권리가 부여된다는 점에서 특징이 있다.

우선주는 의결권에 제한을 받지만 자기자본에 대한 지분을 갖기 때문에 법적인 측면에서 보면 보통주와 유사하다. 다만 우선주가 발행되는 시점에서 배당률이 미리 정해지며, 잔여재산에 대한 분배청구권도 액면가에 근거하여 이루어지기 때문에 회사의 입장에서 보면 부채의 성격이 강하다.

3. 주식의 가치평가

주식의 가치는 주식을 소유함으로써 얻어지는 미래 현금흐름의 현재가치와 같다. 주식을 소유하는 경우 얻어지는 현금흐름은 배당과 처분가격이다. 따라서 미래의 배당흐름과 처분가격을 요구수익률(k)로 할인하여 주식의 가치를 구할 수 있다.

예제 4-4. 주식의 가치평가

부산㈜의 전년도 배당금은 500원이고, 올해에는 전년도에 비하여 배당금이 8% 정도 증가할 것으로 예상되며, 연말의 주가는 20,000원으로 추정되고, 요구수익률은 10%이다. 주식의 가치는 얼마인가?

해설

주식가치는 미래 현금흐름을 요구수익률로 할인하여 구할 수 있다. 연말에 500(1+0.08)원의 배당을 받을 수 있으며, 연말에 주식을 매각하는 경우 20,000원을 받을 수 있다. 따라서 다음과 같이 주식의 가치를 구할 수 있다.

$$P_0 = \frac{500\text{원}(1+0.08)+20{,}000}{(1+0.1)} = 18{,}672\text{원}$$

따라서 주식가치는 18,672원이다.

〈예제 4-4〉에서 살펴본 것처럼 주식을 1년 동안 소유하는 경우 주식가치는 식 (4)와 같다.

$$P_0 = \frac{d_1}{(1+k)} + \frac{P_1}{(1+k)} \qquad (4)$$

P_0: 주식가치 P_1: 연말의 주가
d_1: 연말의 배당금 k: 요구수익률

한편 연말의 주가는 2년 후부터 실현되는 배당흐름을 요구수익률로 할인함으로써 추정할 수 있다. 따라서 연말의 주가는 식 (5)와 같다.

$$P_1 = \frac{d_2}{(1+k)} + \frac{d_3}{(1+k)^2} + \cdots + \frac{P_\infty}{(1+k)^\infty} \qquad (5)$$

그러므로 식 (5)를 식 (4)에 대입하면 식 (6)과 같다.

$$P_0 = \frac{d_1}{(1+k)} + \frac{d_2}{(1+k)^2} + \cdots + \frac{d_\infty}{(1+k)^\infty} \qquad (6)$$

이상에서 살펴본 것처럼 주식의 보유기간과 관계없이 주식가격은 그 주식을 보유함으로써 얻을 수 있는 미래의 배당흐름을 요구수익률로 할인하여 추정할 수 있다. 이처럼 배당흐름을 이용하여 주식가치를 평가하는 모형을 배당할인모형이라고 한다.

4. 배당할인모형

배당할인모형은 주식을 처분하지 않고 영구히 보유한다는 가정에서 미래의 배당흐름을 주주들의 요구수익률로 할인하여 주식의 가치를 평가하는데 이용되는 모형이다. 여기서 주주들의 요구수익률은 기업의 입장에서 보면 자기자본비용이 된다. 왜냐하면 주주들이 요구하는 수익률을 보장해주어야만 자기자본을 조달할 수 있기 때문이다.

배당할인모형을 이용하여 주식가치를 평가하는 경우 미래의 배당흐름을 추정해야 한다. 미래의 배당흐름은 배당금의 성장패턴에 따라 영향을 받는다. 따라서 배당금이 어떤 패턴에 의해 성장하느냐에 따라 주식가치가 달라진다. 그러므로 배당할인모형을 이용하여 주식가치를 평가하기 위해서는 배당성장률에 대한 가정이 필요하다. 이하에서는 배당성장률에 대한 가정에 따라 설계되는 무성장모형(zero growth model), 정률성장모형(constant growth model)과 다단계성장모형(multi stage growth model)에 대하여 살펴본다.

1) 무성장모형

현실성은 없지만 기업이 성장을 하지 않고 현재의 상태를 그대로 유지하는 경우를 가정해 보자. 현재의 상태가 그대로 유지된다는 것은 새로운 이익을 창출할 수 있는 투자기회가 더 이상 존재하지 않는다는 것을 의미한다. 새로운 투자기회가 없기 때문에 신규자금의 조달도 없으며, 이익의 사내유보도 없다. 따라서 기업이 벌어들이는 이익은 모두 주주들에게 배당으로 지급되며, 무성장기업의 주식을 소유하는 경우 받을 수 있는 미래 배당흐름은 일정하게 된다. 즉 미래의 배당금이 현재의 배당금과 동일하게 된다. 배당흐름이 일정하다는 것은 곧 배당성장률이 0임을 의미한다.

그렇다면 무성장기업의 주식가치는 어떻게 결정되는가? 무성장기업의 주식가치는 미래의 일정한 배당흐름을 요구수익률로 할인하여 추정할 수 있다. 따라서 무성장기업의 주식가치는 식 (7)과 같다.

$$P_0 = \frac{d_0}{(1+k)} + \frac{d_0}{(1+k)^2} + \cdots + \frac{d_0}{(1+k)^\infty} = \frac{d_0}{k} \tag{7}$$

예제 4-5. 주식의 가치평가(무성장모형)

서울(주)에서는 작년에 주당 1,500원의 배당을 지급하였으며, 향후에도 주당 배당금은 변동하지 않을 것으로 예상된다. 요구수익률이 10%라고 할 때 서울(주)의 주식가치를 추정하시오.

해설

주당 배당금이 향후 영구적으로 일정하기 때문에 식 (7)을 이용하여 주식가치를 추정할 수 있다.

$P_0 = \frac{1,500\text{원}}{0.1} = 15,000\text{원}$, 따라서 주식가치는 15,000원으로 추정된다.

2) 정률성장모형

기업은 지속적인 성장을 추구한다. 성장이 없는 기업은 죽은 기업이나 다름이 없다. 따라서 주식가치를 추정하기 위하여 무성장모형을 이용하는 데는 많은 무리가 있다. 모든 기업은 성장하고 있다. 즉 기업이 벌어들인 이익의 일부분이 사내에 적립되어 신규투자에 투입되고 있으며, 신규자금을 조달하여 새로운 투자기회에 투입하고 있다.

성장기업의 주식가치를 평가하기 위해서는 미래의 배당금이 어떠한 패턴으로 성장하는가를 추정해야 한다. 만일 배당금이 일정한 율(g)로 성장하다면 주식의 가치는 식 (8)을 이용하여 추정할 수 있다.

$$P_0 = \frac{d_0(1+g)}{(1+k)} + \frac{d_0(1+g)^2}{(1+k)^2} + \cdots + \frac{d_0(1+g)^\infty}{(1+k)^\infty} = \frac{d_0(1+g)}{k-g} \quad (8)$$

예제 4-6. 주식의 가치평가(정률성장모형)

인천(주)는 전년도에 주당 1,000원을 배당으로 지급하였으며, 이후 배당금은 매년 5%씩 증가할 것으로 예상되고, 요구수익률은 10%이다. 주식가치를 추정하시오.

해설

주당 배당금이 향후 5%씩 매년 증가할 것으로 예상되기 때문에 정률성장모형을 이용하여 주식가치를 추정할 수 있다.

$$P_0 = \frac{1,000(1+0.05)}{0.1-0.05} = 21,000\text{원}$$

따라서 주식가치는 21,000원으로 추정된다.

3) 다단계성장모형

기업에도 라이프 사이클이 있다. 도입기와 성장기는 높은 성장을 보이지만 성숙기에 접어들면 성장률이 둔화되는 특징을 보인다. 이처럼 기업은 여러 단계를 거치면서 성장률이 조정되는 패턴에 따라 성장한다. 성장패턴을 고려하여 주식가치를 평가하는 모형이 다단계성장모형이다.

예제 4-7. 주식의 가치평가(다단계성장모형)

광주(주)는 전년도에 주당 1,000원을 배당으로 지급하였다. 1년 후에는 15% 증가한 배당금을 그리고 2년 후에는 10% 증가한 배당금을 지급하며, 그 이후에는 매년 4%씩 증가한 배당이 지급될 것으로 예상된다. 요구수익률이 12%일 경우 주식의 가치를 추정하시오.

해설

광주(주)의 배당금은 3단계를 거쳐 성장하고 있다.

1년 후 배당금 = 1,000(1+0.15) = 1,150원
2년 후 배당금 = 1,000(1+0.15)(1+0.1) = 1,265원
3년 후 배당금 = 1,265(1+004) = 1,315원

따라서 식 (9)를 이용하여 주식가치를 추정할 수 있다.

$$P_0 = \frac{1,150}{(1+0.12)} + \frac{1,265}{(1+0.12)^2} + \frac{1,315}{(1+0.12)^2(0.12-0.04)} = 15,139\ \text{원}$$

따라서 주식가치는 15,139원으로 추정된다.

5. 성장기회모형

투자자들은 주식투자를 통하여 배당수익과 자본차익을 얻는다. 자본차익은 가격상승에 따라 실현되는 이익을 말한다. 배당수익과 자본차익 중에서 어느 쪽에 더 비중을 두느냐에 따라 성장주와 가치주로 구분하기도 한다. 성장주는 앞으로의 성장 가능성이 높은 주식을 말한다. 따라서 투자자들은 배당수익보다는 자본차익을 겨냥하여 성장주에 투자한다. 한편 가치주는 성장 가능성은 낮지만 내재가치보다 낮은 수준에서 거래되어 저평가되고 있는 주식을 말한다. 따라서 투자자들은 주가에 비하여 배당수익이 높기 때문에 배당수익을 겨냥하여 가치주에 투자한다.

주식의 가치는 기업의 미래 성장기회에 따라 영향을 받기 때문에 미래의 성장 가능성이 높다면 성장 가능성이 낮은 기업의 주식보다 높게 평가되어야 한다. 이처럼 미래의 성장 가능성을 고려하여 주식의 가치를 평가하는데 이용되는 모형을 성장기회모형이라고 한다.

1) 성장기회가 없는 경우

미래의 성장기회가 없는 기업의 주식가치를 평가하기 위하여 무성장모형을 이용할 수 있다. 성장기회가 없는 기업의 경우에는 순이익의 전부가 모두 주주들에게 배당으로 지급되어 재투자가 없기 때문에 성장률이 0이 된다. 따라서 주주들은 매년 똑같은 배당을 받기 때문에 미래 배당흐름은 일정하게 된다. 즉 미래의 배당금이 현재의 배당금과 동일하게 된다. 그러므로 성장기회가 없는 기업의 주식가치는 식 (9)와 같다.

$$P_0 = \frac{EPS_1}{(1+k)} + \frac{EPS_1}{(1+k)^2} + \cdots + \frac{EPS_1}{(1+k)^\infty} = \frac{EPS_1}{k} \qquad (9)$$

예제 4-8. 무성장기회의 가치평가

부산(주)에서는 투자기회가 없어 매년 벌어들이고 있는 주당 순이익 3,000원을 모두 배당으로 지급하고 있으며, 앞으로도 투자기회는 없으며, 요구수익률은 10%이다. 이 회사의 주식가치를 추정하시오.

해설

부산(주)는 순이익의 전부를 배당으로 지급하고 있으며, 투자기회가 없기 때문에 성장률은 0이다. 따라서 무성장모형을 이용하여 주식가치를 평가할 수 있다.

$P_0 = \frac{EPS_1}{k} = \frac{3,000}{0.1} = 30,000$원, 따라서 주식가치는 30,000원이다.

2) 성장기회가 있는 경우

대부분의 기업은 다양한 투자기회를 가지고 있다. 이와 같은 투자기회를 끊임없이 개발하여 투자함으로써 성장하고 있다. 따라서 성장기회의 가치에 따라 주가가 달리 형성된다.

성장기회의 가치는 성장기회의 현재가치(present value of growth opportunity: PVGO)라고 한다. 성장기회가 많은 기업의 주식은 높은 가격에서 거래되며, 성장기회의 가치가 낮은 기업의 주식은 낮은 수준에서 거래가 된다. 따라서 성장기업의 주식가치는 무성장기업의 주식가치에 성장기회의 현재가치를 더하여 구할 수 있으며 식 (10)과 같다.

성장기업의 주식가치 = 무성장기업의 주식가치 + 성장기회의 현재가치

$$P_0 = \frac{EPS_1}{k} + PVGO \tag{10}$$

예제 4-9. 성장기회의 가치 평가

부산(주)의 내년도 주당 순이익은 3,000원이고, 주주의 요구수익률은 10%이며, 현재 시장에서 50,000원에 거래되고 있다. 성장기회의 가치는 얼마인가?

해설

$$50{,}000 = \frac{3{,}000}{10\%} + PVGO$$

성장기회의 가치는 성장기업의 주식가치에서 무성장기업의 주식가치를 공제하여 측정할 수 있다. 따라서 식 (10)을 이용하면 성장기회의 가치는 20,000원이다.

요약

1. 재무정책을 결정하기 위해서는 자산의 가치를 평가해야 하는데, 자산의 가치는 자산을 소유함으로써 얻어지는 미래의 현금흐름을 적절한 할인율로 할인한 현재가치와 같다.
2. 채권의 가치는 그 채권을 만기까지 보유함으로써 얻어지는 현금흐름, 즉 이자와 원금의 현재가치와 같다.
3. 채권은 이자지급방법에 따라 할인채, 복리채, 이표채, 단리채와 거치채 등으로 분류된다.
4. 이표채(coupon bond)는 채권에 이표가 붙어있어 이자지급일에 이표를 떼어 발행기관 또는 지정된 금융기관에 제출하여 이자를 받는 조건으로 발행되는 채권을 말한다.
5. 주식의 가치는 주식을 소유함으로써 얻어지는 미래 현금흐름의 현재가치와 같다. 따라서 미래의 배당과 처분가격을 요구수익률(k)로 할인하여 주식의 가치를 구할 수 있다.
6. 배당할인모형은 주식을 처분하지 않고 영구히 보유한다는 가정에서 미래의 배당을 주주들의 요구수익률로 할인하여 주식의 가치를 평가하는데 이용되는 모형이다.
7. 미래의 성장 가능성을 고려하여 주식의 가치를 평가하는데 이용되는 모형을 성장기회모형이라고 한다.

연습문제

OX 문제

1. 채권과 주식은 기업의 대표적인 장기자본 조달수단이다.
2. 채권은 이자지급방법에 따라 국채, 지방채, 회사채 등으로 분류된다.
3. 의결권은 없지만 보통주에 우선하여 이익을 배당받을 수 있는 권리가 부여된 주식을 우선주라고 한다.

단답형

1. (   )은 발행자가 비교적 장기적으로 안정된 자금을 조달할 수 있는 수단 중의 하나이다.
2. 채권을 발행하기 위해서는 채권의 액면가, 이자율과 (   )를 반드시 표기해야 하는데 이 세 가지를 채권의 3요소라고 한다.
3. (   )는 채권에 이표가 붙여있어 이자지급일에 이표를 떼어 발행기관 또는 지정된 금융기관에 제출하여 이자를 받는 조건으로 발행되는 채권을 말한다.
4. (   )은 자기자본을 조달하기 위하여 주식회사에서 발행한 유가증권을 말한다.
5. 주식을 소유하는 경우 얻어지는 현금흐름은 (   )과 처분가격이다.
6. (   )모형은 주식을 처분하지 않고 영구히 보유한다는 가정에서 미래의 배당흐름을 주주들의 요구수익률로 할인하여 주식의 가치를 평가하는데 이용되는 모형이다.

객관식

1. 채권에 대한 다음 설명 중 틀린 것은?
   ① 액면이자는 액면금액×액면이자율로 계산할 수 있다.
   ② 채권은 만기가 정해져 있는 반면, 주식은 만기가 없다.
   ③ 주식의 발행은 자본금의 증가를 수반하지만 채권은 부채의 증가를 수반한다.
   ④ 채권자에게는 경영참가권이 있다.

2. 시장이자율이 12%일 때, 액면금액 10,000원, 액면이자율 10%, 연 1회 이자지급, 만기 3년 채권의 현재가격은?
   ① 9,520원
   ② 10,000원
   ③ 10,253원
   ④ 10,515원

3. (주)동아기업은 올해 배당을 주당 1,000원씩 했다. 이 배당금은 향후 매년 10%씩 영구적으로 증가할 것으로 예상된다. 이 회사의 요구수익률이 20%라면 이 주식의 내재가치는?
   ① 2,000원
   ② 5,000원
   ③ 11,000원
   ④ 21,000원

주관식

1. 춘천(주)는 액면가가 100만원이고, 표면이자율이 4%이며, 이자를 매년 말에 지급하는 3년 만기 회사채를 발행하였다.
   시장이자율이 5%일 때 이 회사채의 가격을 구하시오.

2. 인천(주)는 액면가가 100만원이고, 표면이자율이 4%이며, 이자를 매분기 말에 지급하는 2년 만기 회사채를 발행하기로 하였다.
시장이자율이 6%라면 이 회사채의 가치는 얼마인가?

3. 대전(주)는 액면가가 100만원이고, 표면이자율이 4%이며, 이자를 매년 말에 지급하는 3년 만기 회사채를 발행하였는데, 지금 시장에서 978,500원에서 거래되고 있다.
이 회사채의 수익률을 구하시오.

4. 홍길동이 서울(주)를 소유하고 있는데, 1년 후의 예상배당금은 주당 3,000원이고, 2년 후의 예상배당금은 주당 5,000원이며, 2년 후에는 150,000원에 매각할 수 있을 것으로 예상된다.
요구수익률이 8%라면 서울(주)의 현재가치는 얼마인가?

5. 대구(주)는 지난해에 주당 3,000원을 배당으로 지급하였으며, 주당 배당금은 향후 영구적으로 일정할 것으로 예상되고, 요구수익률은 10%이다.
이 회사의 주식가치를 구하시오.

6. 울산(주)는 지난해에 주당 2,000원을 배당으로 지급하였으며, 배당금은 향후 매년 4%씩 증가할 것으로 기대되고, 요구수익률은 8%이다.
이 회사의 주식가치를 구하시오.

7. 충청(주)의 내년도 주당 순이익은 1,500원으로 예상되며, 재투자수익률은 20%이며, 유보율이 30%이고, 요구수익률이 12%이다.
이 회사의 주식가치를 구하시오.

8. 내년도의 주당 순이익이 2,000원으로 예상되는 서울(주)의 주식이 시장에서 45,000원에 거래되고 있으며, 요구수익률은 10%이다.
성장기회의 가치는 얼마인가?

9. 부산(주)는 지난해에 주당 1,000원을 배당으로 지급하였으며, 주당 배당금은 향후 2년 동안에 매년 20%씩 성장하다가 그 이후부터는 매년 4%씩 성장할 것으로 기대되고, 요구수익률은 8%이다.
주식가치를 구하시오.

제 5 장

자본예산과 현금흐름

제 5 장 자본예산과 현금흐름

제1절 자본예산의 기초개념

자본예산(capital budgeting)은 투자안의 개발, 현금흐름추정, 경제성분석, 그리고 통제 및 사후관리 등 일련의 과정을 의미한다. 이와 같은 과정에서 가장 중요한 의미를 갖는 과정이 곧 투자안의 경제성을 분석하는 과정이다. 투자안의 경제성을 분석하기 위해서는 먼저 투자안의 운용을 통하여 얻을 수 있는 미래 현금흐름을 추정해야 하며, 다음으로 자본비용을 추정해야 한다.

이 장에서는 먼저 자본예산의 의의와 중요성에 대하여 설명하고, 현금흐름의 측정에 대하여 설명한다.

1. 자본예산의 의의

자본예산(capital budgeting)은 투자효과가 1년 이상 장기간 지속되는 실물자산의 투자에 대한 총괄적인 계획과 예산의 수립과정을 의미한다. 자본(capital)은 생산활동에 투자되어 운용되는 장기성 자금을 의미하며, 예산(budgeting)은 계획을 수치화하는 과정으로 실물자산에 대한 투자규모와 투자자본의 조달에 대한 계획을 수치화하는 과정을 의미한다.

따라서 자본예산에는 투자안의 개발, 현금흐름의 추정, 경제성분석, 그리고 통제 및 사후관리 등이 포함된다. 그런데 자본예산에서는 경제성 분석의 결과에 따라 투자결정이 좌우되기 때문에 투자안의 경제성을 분석하는 일이 가장 중요하다.

2. 자본예산의 중요성

자본예산은 아무리 강조해도 지나치지 않는다. 실물자산에 대한 투자의 성공 여부가 기업의 미래를 결정하기 때문이다. 자본예산의 중요성은 다음과 같이 설명할 수 있다.

첫째, 비유동자산의 투자효과는 장기간 지속되기 때문에 의사결정에 융통성이 없다. 예를 들어 과대 설비투자는 유휴설비의 보유에 따른 불필요한 고정비용의 부담이 증가하여 유동성을 악화시키며, 반대로 과소 설비투자는 증가하는 수요에 신속하게 대응하지 못하여 고객을 잃게 됨으로써 경쟁력을 떨어뜨리는 결과를 가져오게 된다.

둘째, 비유동자산의 투자는 거액의 자본이 요구되기 때문에 잘못된 투자결정이 기업의 존립에 결정적인 영향을 미친다. 방만하게 사업을 확장하거나 무리하게 시설투자를 하여 파산하는 경우가 종종 있다.

셋째, 자본예산을 통하여 수요에 신속하게 대처할 수 있을 뿐 아니라 양질의 설비를 확보할 수 있다. 예를 들어 건설경기가 호전되어서 타일의 수요가 급격하게 증가할 것으로 기대된다고 가정하자. 이러한 수요증가를 미리 예측하지 못한 채 타일공급이 절대적으로 부족한 상황에 이르러서야 시설확장을 하면 불량설비를 구입할 가능성이 높다. 경쟁회사들이 경쟁적으로 시설확장에 투자할 때는 양질의 설비를 구입하기가 어렵기 때문이다. 불량설비의 구입은 제품의 질을 떨어뜨려 결국에 기업의 경쟁력을 약화시키게 된다.

3. 자본예산의 편성절차

자본예산의 과정은 기업에 따라 또는 상황에 따라 다르지만 일반적으로 다음과 같다.

첫째 단계는 투자대상을 개발하는 단계이다. 이 단계는 투자환경을 예측하여 새로운 투자기회를 찾는 투자안의 개발을 의미한다.

둘째 단계는 개발한 투자대상으로부터 기대되는 현금흐름을 추정하는 단계이다.

셋째 단계에서는 추정된 현금흐름을 기초자료로 투자안의 투자가치를 평가하여 투자안의 선택 여부를 결정하여야 한다. 이를 투자안의 경제성분석이라 한다.

넷째 단계는 투자 후에 투자안을 통제 및 사후관리하는 과정이다. 이 단계에서는 정기적으로 진행과정을 검토하고 평가하는 피드백과 통제가 필요하다.

일반적으로 자본예산이라고 하면 위에서 열거한 네 가지 단계를 총괄적으로 의미한다.

그림 5-1. 자본예산의 편성절차

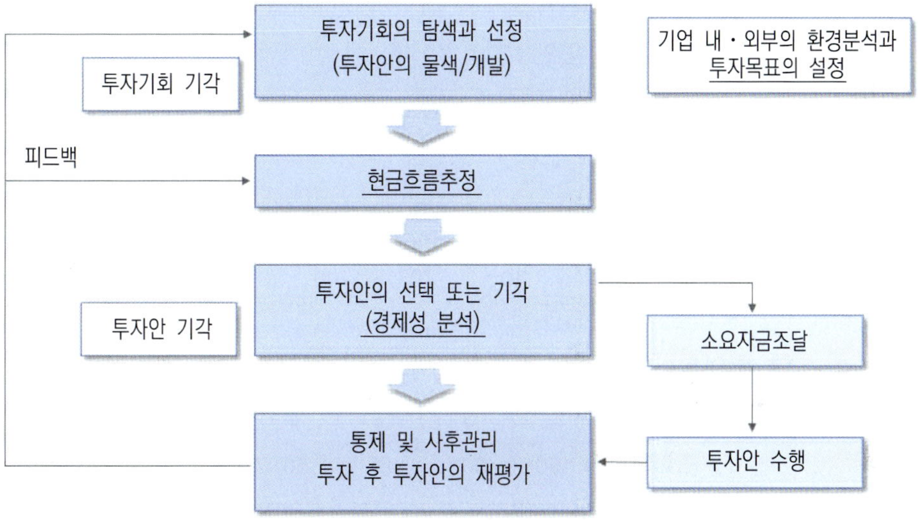

제2절 투자안의 현금흐름 측정

1. 현금흐름의 의의

현금흐름은 식 (1)과 같이 순현금흐름(net cash flow)으로 측정한다.

$$순현금흐름 = 현금유입 - 현금유출 \quad (1)$$

현금유입은 투자와 관련하여 실현되는 현금수익을 의미하며, 현금유출은 투자와 관련하여 지출되는 현금비용을 의미한다. 실물자산의 투자성과가 회계이익으로 측정되지 않고 현금흐름으로 측정되는 이유는 모든 재무의사결정이 현금흐름에 기초하여 이루어지기 때문이다.

예제 5-1. 순현금흐름 계산

어떤 회사가 신제품을 개발·판매하려고 한다. 신제품생산에 필요한 생산설비의 투자비용은 150억원이며, 이 설비의 수명은 6년이다. 재무관리담당자가 추정한 매출로 인한 각 연도별 현금유입과 현금유출이 다음과 같다면, 이 투자안으로부터 기대되는 순현금흐름은?

연	0	1	2	3	4	5	6
현금유입		60	120	160	180	110	50
현금유출	150	40	70	100	100	70	40

해설

연	0	1	2	3	4	5	6
현금흐름	-150*	20**	50	60	80	40	10

* -150억원은 순현금유출이라 하기도 하며,
** 20억원을 순현금유입이라 하기도 함.

2. 현금흐름 측정의 기본원칙

1) 회계이익과 현금흐름의 차이

현금흐름은 수익과 비용을 모두 현금이 실현되는 시점에서 측정되는 투자성과를 의미한다. 수익은 현금이 들어오는 시점에서 인식되고, 비용은 현금이 지출되는 시점에서 인식된다. 그러나 회계이익은 현금유입이나 현금유출과 관계없이 수익과 비용이 실현되거나 발생된 사실에 의해서 측정되는 투자성과를 의미한다. 즉 회계이익은 기업회계기준에 따라 측정되는 인위적 수치이므로 현금흐름을 제대로 나타내지 못한다.

회계학에서는 비용을 자본적 지출과 수익적 지출로 구분하여 처리한다. 수익적 지출은 당해 연도의 수익에서 직접 공제되는 비용을 말하며, 자본적 지출은 당해 연도의 수익에서 직접 공제하지 않고 여러 해에 걸쳐 공제되는 비용을 말한다. 이처럼 현금흐름과 회계이익의 측정에서 수익과 비용의 인식기준이 다르기 때문에 현금흐름과 회계이익이 일치하지 않는 결과를 가져오게 된다.

회계이익과 현금흐름의 차이점을 살펴보면 다음과 같다.

(1) 감가상각비

감가상각비의 경우 회계이익을 측정할 때는 비용으로 처리되지만 현금흐름을 측정할 때는 현금지출이 없는 장부상의 비용이기 때문에 현금유출로 처리되지 않는다. 예를 들어 50억원에 기계를 구입하여 10년의 내용연수 동안 정액법에 따라 감가상각을 한다고 가정하자. 회계이익을 측정할 때는 기계구입비용 50억원을 지출시점에서 전액 비용으로 처리하지 않고 향후 10년 동안 매년 5억원씩을 감가상각비로 계상하여 비용으로 처리한다. 그러나 현금흐름을 측정할 때는 기계구입비용 50억원이 지출시점에서 전액 현금유출로 처리된다.

(2) 지급이자

지급이자는 회계이익을 측정할 때 비용으로 처리되지만 현금흐름을 측정할 때는 현금유출로 처리되지 않는다. 물론 지급이자는 현금지출을 수반하는 비용이지만 투자안의 할인율에 반영되기 때문이다. 부채의 사용에 따라 지급이자가 늘어나면 재무위험이 증가하여 자기자본비용을 상승시켜 결국 투자안의 할인율이 상승한다. 따라서 지급이자를 현금유출로 처리하면 현금흐름과 할인율에 중복해서 반영시키는 것이기 때문에 지급이자를 현금유출로 처리하면 안 되는 것이다.

(3) 법인세

법인세에 차이가 있다. 법인세는 현금지출을 수반하는 비용이다. 감가상각비와 지급이자는 현금유출에 포함되지 않지만 감가상각비와 지급이자를 공제한 이익에 대하여 법인세가 부과되므로 법인세를 절감하는 효과가 있다. 그러나 현금흐름은 지급이자와 감가상각비가 공제되기 이전의 영업이익에 대하여 법인세가 계산되어 측정되므로 법인세절감액을 현금유입에 포함시켜야 한다. 따라서 회계이익과 현금흐름의 측정에서 법인세에 차이가 있다.

2) 증분 현금흐름

현금흐름은 증분현금흐름을 기준으로 측정해야 한다. 투자로 인해 실현되는 현금흐름은 그것이 기업 전체의 현금흐름을 증가시키는 경우에만 의미가 있기 때문이다. 증분현금흐름(incremental cash flow)은 어떤 투자안에 투자할 경우와 투자하지 않을 경우에 예상되는 현금흐름의 차이를 말한다. 증분현금흐름으로 측정할 경우에는 매몰비용, 부수효과와 잠식비용, 기회비용 등을 고려해야 한다.

(1) 매몰원가

매몰원가(sunk cost)는 투자결정이 이루어지기 이전에 이미 지출되어 더 이상 회수할 수 없는 것으로 판명된 비용을 말한다. 따라서 매몰원가는 투자와 관계없이 그 이전에 지출된 비용이기 때문에 현금유출로 처리하면 안 된다. 예를 들어 석유시추에서 실패한 시추공에 투자한 비용은 매몰원가에 해당한다.

(2) 부수효과와 잠식비용

새로운 투자안이 기존 사업의 현금흐름에 영향을 미칠 수가 있다. 부수효과(side effects)란 기존 사업의 현금흐름이 증가하는 경우를 말하며 이 경우에는 현금유입이 발생한다. 그리고 잠식비용(erosion cost)이란 기존 사업의 현금흐름이 감소하는 경우를 말하며 이 경우에는 현금유출이 발생하게 된다.

(3) 기회비용

기회비용(opportunity cost)은 투자와 직접 관련되는 비용이기 때문에 현금유출을 측정할 때 반드시 고려해야 한다. 예를 들어 이미 소유하고 있는 시가 20억원의 대지 위에 김치공장을 건설한다고 하자. 이 경우 땅값 20억원은 김치공장을 건설하지 않고 대지를 매각할 때 받을 수 있는 수익으로 김치공장을 건설함에 따라 포기해야 하는 기회비용에 해당되기 때문에 현금흐름을 측정할 때 20억원을 현금유출로 처리해야 한다.

3) 순운전자본

공장을 건설하는 경우에는 건설비용 이외에 추가로 운전자본이 필요하다. 운전자본의 증가는 현금유출이며, 운전자본의 회수는 현금유입을 의미하므로 운전자본의 증가와 감소를 현금흐름에 포함시켜야 한다. 운전자본은 정상적인 영업활동을 지원하기 위하여 일시적으로 보유하는 자본으로 유동자산에서 유동부채를 차감한 순운전자본을 의미한다. 예를 들어 컴퓨터부품 공장을 확장한다고 하자. 확장된 공장을 가동시키기 위하여 추가로 원자재를 구입해야 하기 때문에 운전자본에 대한 추가적인 투자로 현금유출이 일어나며, 운전자본에 투자했던 자금의 일부가 회수되면 현금유입이 일어난다.

4) 비유동자산의 취득과 처분

비유동자산의 취득과 처분에 따른 현금흐름을 추정해야 한다. 비유동자산을 취득한 경우에는 현금유출로 처리하고 비유동자산을 처분할 경우에는 처분손익에 따른 법인세를 감안하여 현금흐름을 추정해야 한다.

5) 투자세액공제

투자세액공제혜택(investment tax credit)은 설비투자를 할 때 투자액의 일부 또는 일정 비율을 법인세에서 직접 공제하여 주는 혜택을 말한다. 따라서 투자세액공제를 통하여 법인세를 덜 내는 효과를 얻을 수 있기 때문에 현금흐름을 측정할 때 반드시 현금유입으로 처리해야 한다.

6) 인플레이션

인플레이션을 일관성 있게 반영시켜야 한다. 현금흐름을 명목현금흐름으로 측정한 경우에는 명목할인율로 할인하여야 하며, 실질현금흐름으로 측정한 경우에는 실질할인율로 할인하여야 한다.

3. 영업현금흐름의 측정

영업현금흐름(operating cash flow)이란 기업이 고유한 영업활동을 통하여 발생한 현금흐름을 말한다.

감가상각비를 제외한 모든 수익과 비용을 현금이 실현되는 시점에서 인식하여 작성된 신규투자안의 손익계산서가 〈표 5-1〉과 같다고 가정하자.

표 5-1. 신규투자안의 손익계산서

구 분	금 액
매출액(ΔS)	900억원
영업비용(ΔO)	600
감가상각비(ΔD)	100
영업이익($\Delta EBIT$)	200
지급이자(ΔI)	40
세전순이익(ΔEBT)	160
법인세(ΔT, t_c=20%)	32
세후순이익(ΔEAT)	128

영업현금흐름을 측정하는 첫 번째 공식은 식 (2)와 같다.

$$\Delta CF = \Delta EBIT(1-t_c) + \Delta D \quad (2)$$

ΔCF: 신규투자안의 현금흐름
$\Delta EBIT$: 신규투자안의 영업이익
t_c: 법인세율
ΔD: 신규투자안의 감가상각비

두 번째 공식은 식 (2)를 변형한 식 (3)과 같다.

$$\begin{aligned}\Delta CF &= (\Delta S - \Delta O - \Delta D)(1-t_c) + \Delta D \\ &= (\Delta S - \Delta O)(1-t_c) + t_c \Delta D \end{aligned} \tag{3}$$

세 번째 공식은 식 (3)을 변형한 식 (4)와 같다.[1)]

$$\begin{aligned}\Delta CF &= \Delta EBIT(1-t_c) + \Delta D \\ &= \Delta EAT + \Delta I(1-t_c) + \Delta D \end{aligned} \tag{4}$$

이상에서 설명한 것처럼 식 (2), 식 (3)과 식 (4)를 이용하여 신규투자안의 영업현금흐름을 각각 계산하면 다음과 같다.

$$\Delta CF = \Delta EBIT(1-t_c) + \Delta D$$
$$= 200(1-0.2) + 100 \ = 260\text{억 원}$$
$$\Delta CF = (\Delta S - \Delta O)(1-t_c) + t_c \Delta D$$
$$= (900-600)(1-0.2) + 0.2 \times 100 \ = 260\text{억 원}$$
$$\Delta CF = \Delta EAT + \Delta I(1-t_c) + \Delta D$$
$$= 96 + 40(1-0.2) + 100 \ = 260\text{억 원}$$

제3절 잉여현금흐름의 측정

잉여현금흐름은 영업현금흐름에 자본적지출과 순운전자본으로 인해 발생한 현금흐름을 반영한 것으로 정의한다.

---

1) 신규투자안의 세후순이익은 다음과 같다.

$$\Delta EAT = (\Delta EBIT - \Delta I)(1-t_c)$$

위 식을 $\Delta EBIT(1-t_c)$에 대하여 정리하면 다음과 같다.

$$\Delta EBIT = \Delta EAT + \Delta I(1-t_c)$$

위 식을 식 (3)에 대입하여 정리하면 다음과 같다.

$$\Delta CF = \Delta EAT + \Delta I(1-t_c) + \Delta D$$

1. 잉여현금흐름

잉여현금흐름(free cash flow)은 영업현금흐름, 자본적 지출과 순운전자본투자액 등 세 가지 요소로 구성되며, 식 (5)와 같다.

잉여현금흐름 = 영업현금흐름 − 자본적 지출 − 순운전자본 투자액 (5)

첫째, 영업현금흐름은 기업의 정상적인 영업활동에서 실현된 현금흐름을 말한다. 이 경우 자본조달과 관련하여 발생되는 이자비용은 영업비용이 아니기 때문에 영업현금흐름에 포함되지 않는다.

둘째, 자본적 지출은 비유동자산의 순투자액으로 비유동자산의 투자액에서 처분액을 차감한 차이로 측정된다.

마지막으로 순운전자본 투자액은 순운전자본의 증감액으로 측정한다. 순운전자본의 증가는 순운전자본의 투자로서 현금유출을 수반하며, 순운전자본의 감소는 순운전자본의 회수로서 현금유입을 수반한다.

1) 영업현금흐름

영업현금흐름은 영업활동에서 실현된 현금흐름으로서 식 (6)과 같다.

영업현금흐름 = 영업이익(1 − 법인세율) + 감가상각비 (6)

식 (6)에서 영업이익은 지급이자와 법인세가 차감되기 이전의 이익을 말한다. 감가상각비는 현금유출을 수반하지 않는 회계 상의 비용이기 때문에 영업현금흐름의 측정에서 감가상각비를 현금유출로 처리하면 안 된다. 또한 지급이자는 재무비용에 해당되기 때문에 영업현금흐름에 포함시키면 안 된다. 한편 법인세는 현금지출을 수반하는 비용이기 때문에 영업현금흐름을 측정할 때 반드시 차감해야 한다.

표 5-2. 대전(주)의 재무상태표

	20X1	20X2		20X1	20X2
유동자산	3,400억원	3,800	유동부채	1,400억원	1,650
현금	400	550	매입채무	700	800
매출채권	1,900	1,750	지급어음	400	500
재고자산	1,100	1,500	단기차입금	300	350
비유동자산	2,600	2,700	비유동부채	1,700	1,750
투자자산	200	200	회사채	1,000	1,050
유형자산	2,200	2,300	장기차입금	700	700
무형자산	200	200	자기자본	2,900	3,100
			자본금	1,200	1,200
			이익잉여금	1,700	1,900
총자산	6,000	6,500	총자본	6,000	6,500

표 5-3. 대전(주)의 손익계산서

손익계산서
(20X2년 1월 1일~20X2년 12월 31일)

매출액	1,600억원
매출원가	400
매출총이익	1,200
감가상각비	70
영업비용	350
영업이익	780
지급이자	100
법인세차감전순이익	680
법인세(30%)	204
당기순이익	476

〈표 5-3〉에서 세후영업이익, 감가상각비가 각각 546억원, 70억원이므로 영업현금흐름은 616억원이 된다.

영업현금흐름 = 영업이익(1 − 법인세율) + 감가상각비
= 780 (1 − 0.3) + 70
= 616억원

영업현금흐름은 중요한 의미를 갖는 재무정보 중의 하나이다. 양(+)의 영업현금흐름은 현금유출보다 많은 현금유입이 실현되었음을 의미하며 반대로 음(-)의 영업현금흐름은 현금유출이 현금유입을 초과하였음을 의미하기 때문이다.

2) 자본적 지출

자본적 지출은 비유동자산의 투자액에서 처분액을 공제한 순투자액을 의미하며, 식 (7)과 같다.

$$\text{자본적 지출} = \text{기말 비유동자산} - \text{기초 비유동자산} + \text{감가상각비} \qquad (7)$$

〈표 5-2〉에서 20X1년 말의 비유동자산과 감가상각비가 각각 2,600억원과 70억원이므로 비유동자산에 대한 추가 투자가 없었다면 20X2년 말의 비유동자산은 2,530억원(2,600억원 - 70억원)이 되어야 한다. 그러나 20X2년 말의 비유동자산이 2,700억원이므로 20X2년도에 170억원(2,700억원 - 2,530억원)이 비유동자산에 투자되었음을 알 수 있다.

대전(주)의 자본적 지출을 계산하면 다음과 같다.

$$\begin{aligned} \text{자본적지출} &= \text{기말 비유동자산} - \text{기초 비유동자산} + \text{감가상각비} \\ &= 2{,}700 - 2{,}600 + 70 \\ &= 170\text{억원} \end{aligned}$$

3) 순운전자본 투자액

순운전자본은 유동자산에서 유동부채를 차감한 금액으로 유동자산과 유동부채의 증감에 따라 변화하게 된다. 순운전자본 투자액은 식 (8)과 같다.

$$\text{순운전자본 투자액} = \text{기말 순운전자본} - \text{기초 순운전자본} \qquad (8)$$

〈표 5-2〉에서 대전(주)의 재무상태표를 보면 20X2년 말의 순운전자본은 2,150억원(3,800-1,650)이며, 20X1년 말의 순운전자본은 2,000억원(3,400-

1,400)이다. 따라서 20X2년에 순운전자본이 150억원만큼 증가하였기 때문에 순운전자본 투자액은 150억원이다.

순운전자본 투자액 = 기말 순운전자본 − 기초 순운전자본
= 2,150 − 2,000
= 150억원

이상에서 살펴본 바와 같이 영업현금흐름, 자본적 지출과 순운전자본 투자액을 이용하여 잉여현금흐름을 측정하면 다음과 같다.

잉여현금흐름 = 영업현금흐름 − 자본적 지출 − 순운전자본 투자액
= 616 − 170 − 150
= 296억원

2. 채권자와 주주의 현금흐름

일정기간 기업이 자본의 운용을 통하여 얻은 현금흐름을 잉여현금흐름(free cash flow)이라고 하며, 잉여현금흐름은 주주와 채권자에게 이자와 배당으로 배분된다. 따라서 잉여현금흐름은 채권자와 주주의 현금흐름으로 구성되며, 식 (9)와 같다.

잉여현금흐름 = 주주의 현금흐름 + 채권자의 현금흐름 (9)

잉여현금흐름은 주주와 채권자들에게 배분되는 현금흐름이기 때문에 잉여현금흐름을 채권자의 현금흐름과 주주의 현금흐름으로 구분할 수 있다.

채권자의 현금흐름은 지급이자에서 신규부채조달액을 차감한 것으로 식 (10)과 같다.

채권자의 현금흐름 = 지급이자 − 신규부채조달액 (10)

〈표 5-2〉에서 대전(주)의 재무상태표를 보면 비유동부채가 20X2년에 50

억원(1,750-1,700)만큼 증가하였으며, 지급이자가 100억원이므로 채권자의 현금흐름은 20억원이다.

채권자의 현금흐름 = 지급이자(1 - 법인세율) - 신규부채조달액
= 100(1 - 0.3) - 50
= 20억원

한편 주주의 현금흐름은 배당지급액에서 신규보통주조달액을 차감한 것으로 식 (11)과 같다.

주주의 현금흐름 = 배당금 - 신규보통주조달액 (11)

20X2년도에 대전(주)는 276억원을 배당으로 지급하는 한편 보통주가 추가로 발행되지 않았으므로 주주의 현금흐름은 276억원이다.

주주의 현금흐름 = 배당금 - 신규보통주조달액
= 276 - 0
= 276억원

이상에서 설명한 바와 같이 대전(주)는 20X2년도에 영업활동, 투자활동과 운전자본의 관리를 통하여 얻어진 296억원의 잉여현금흐름을 주주들에게 276억원 그리고 채권자들에게 20억원을 각각 배분하였음을 알 수 있다.

요약

1. 자본예산(capital budgeting)은 투자효과가 1년 이상 장기간 지속되는 실물자산의 투자에 대한 총괄적인 계획과 예산의 수립과정을 의미한다.
2. 현금흐름은 현금유입에서 현금유출을 차감한 순현금흐름(net cash flow)으로 측정하는데, 현금유입은 투자와 관련하여 실현되는 현금수익을 의미하며, 현금유출은 투자와 관련하여 지출되는 현금비용을 의미한다.
3. 영업현금흐름(operating cash flow)이란 기업이 고유한 영업활동을 통하여 발생한 현금흐름을 말한다.
4. 잉여현금흐름(free cash flow)은 영업현금흐름에 자본적 지출과 순운전자본으로 인해 발생한 현금흐름을 반영한 것으로 정의한다.
5. 일정기간 기업이 자본의 운용을 통하여 얻은 현금흐름을 잉여현금흐름이라고 하며, 잉여현금흐름은 주주와 채권자에게 이자와 배당으로 배분된다.

연습문제

OX 문제

1. 기회비용은 실제 현금으로 지출한 비용이 아니므로 현금흐름 추정시 고려하지 않는다.
2. 순운전자본은 초기에 투자되었다가 끝나는 시점에 회수된다.

단답형

1. (   )은 투자효과가 1년 이상 장기간 지속되는 실물자산의 투자에 대한 총괄적인 계획과 예산의 수립과정을 의미한다.
2. (   )는 투자결정이 이루어지기 이전에 이미 지출되어 더 이상 회수할 수 없는 것으로 판명된 비용을 말한다.
3. (   )이란 기업이 고유한 영업활동을 통하여 발생한 현금흐름을 말한다.

객관식

1. 현금흐름을 분석할 때의 고려사항으로 적절하지 않은 것은?
   ① 증분개념을 이용하여 현금흐름을 측정하여야 한다.
   ② 매몰비용(sunk cost)은 현금흐름 추정시 비용으로 고려하지 않는다.
   ③ 기회비용은 현금흐름 추정시 고려하여야 한다.
   ④ 감가상각비는 현금흐름 추정시 현금유출 없는 비용으로 고려한다.
   ⑤ 이자비용은 현금흐름 추정시 비용으로 차감해야 한다.

주관식

1. 대당 20백만원에 연간 100,000대의 자동차를 판매하고 있는 서울(주)에서 스포츠카를 판매라인에 추가하려 한다. 스포츠카는 대당 25백만원에 연간 30,000대를 판매할 수 있지만 판매라인이 추가되면 기존 자동차 판매량이 매년 10,000대씩 감소한다.
   스포츠카의 판매라인을 추가하는 경우 매출액이 어느 정도 증가하는가?

2. 10억원에 설비를 구입하려 한다. 향후 5년 동안에 정액법에 따라 감가상각을 하며, 내용연수 말에서 설비를 3억원에 매각할 수 있다. 법인세율은 30%이고, 잔존가치는 없다.
   1) 감가상각에 의한 법인세절감액은 얼마인가?
   2) 5년 후에 설비를 매각하는 경우 세후 기준으로 어느 정도의 현금흐름을 얻을 수 있는가?

3. 시설확장을 위하여 30억원을 투자하려 한다. 내용연수는 5년이고, 잔존가치는 없으며, 정액법에 따라 감가상각을 하며, 법인세율은 30%이다. 향후 5년 동안 매출액과 영업비용은 각각 매년 5억원과 2억원이다.
   시설확장투자의 현금흐름을 추정하시오.

4. 컴퓨터 부품공장을 12억원을 투자하는 경우 개당 10,000원에 연간 60만개를 판매할 수 있으며, 내용연수는 4년이고, 정액법에 따라 감가상각을 하는 한편 변동영업비는 개당 4,000원이며, 고정비는 연간 450백만원, 그리고 법인세율은 30%이다. 연초에 운전자본으로 11억원을 투자해야 하며, 매년 매출액의 25%를 운전자본으로 유지한다. 한편 5년 후에 공장을 매각하여 투자액의 40%를 회수할 수 있다.
   1) 컴퓨터 부품공장의 손익계산서와 영업현금흐름을 추정하시오.
   2) 운전자본의 추가투자와 공장의 매각수익을 고려하여 부품공장의 현금흐름을 추정하시오.
   3) 컴퓨터공장의 순현가를 계산하시오.

5. 20X1년 말 현재 인천(주)의 유동자산과 비유동자산이 각각 200억원과 900억원이며, 유동부채와 비유동부채는 각각 150억원과 300억원이다.
   1) 자기자본은?
   2) 순운전자본은?

6. 인천(주)의 20X1년도 매출액은 550억원, 영업비용이 300억원, 감가상각비와 지급이자가 각각 10억원과 5억원 그리고 법인세율은 20%이다.
   당기순이익은 얼마인가?

7. 인천(주)의 경우 20X1년 초와 20X1년도 말의 비유동자산은 각각 500억원과 520억원이고, 20X1년도의 감가상각비는 9억원이다.
   자본적 지출액을 구하시오.

8. 20X1년과 20X2년도 말 현재 비유동부채가 각각 200억원과 220억원이고, 20X2년도의 손익계산서에 25억원이 지급이자로 계상되어 있다.
   채권자의 현금흐름을 구하시오.

9. 20X1년과 20X2년도 말 현재 자본금이 각각 80억원과 82억원이고, 20X2년도에 10억원을 배당으로 지급하였다.
   주주의 현금흐름을 구하시오.

10. 다음 자료를 이용하여 질문에 답하시오.

매출액: 500억원, 매출원가: 300억원, 영업비용: 70억원, 감가상각비: 8억원, 지급이자: 12억원, 법인세: 40억원, 배당금: 30억원, 신규보통주발행액: 30억원, 신규부채조달액: 10억원

   1) 채권자의 현금흐름은?
   2) 주주의 현금흐름은?
   3) 잉여현금흐름은?

제 6 장

투자안의 평가

제 6 장
투자안의 평가

제1절 기초개념

자본예산에서 가장 중요한 과정은 투자안의 경제성을 분석하는 일이다. 경제성 분석의 결과에 따라 투자와 자본조달이 결정되기 때문이다.

이 장에서는 투자안의 경제성을 분석하는 방법에 대하여 설명한다. 투자안의 경제성을 분석하는데 이용되는 방법은 순현가법, 회수기간법, 회계이익률법, 내부수익률법과 수익성지수법 등이 있다.

먼저 투자안의 종류에 대해 살펴본 후 투자안의 평가방법에 대하여 살펴본다.

1. 투자안의 유형

투자안의 유형은 분류 기준에 따라 여러 가지로 구분할 수 있으나 목적에 따른 분류와 투자안의 상호관계에 따른 분류에 대하여 살펴본다.

1) 목적에 따른 분류

투자안은 목적에 따라 대체투자, 확장투자, 제품투자, 전략투자로 구분된다.

대체투자(replacement investments)는 이미 보유하고 있는 자산의 수명이 다 되었거나 그 효율이 떨어질 때 새로운 자산으로 대체하는 투자를 의미한다.

확장투자(expansion investments)는 자기 회사제품에 대한 수요가 크게 증가한다든지 또는 시장점유율이 커져 기존 생산시설만으로는 대체하기 어려운 경우 기존시설을 확장하는 투자를 의미한다.

제품투자(product investments)는 기존제품의 품질수준을 개량하거나 새로운 제품을 개발하여 생산하기 위한 투자를 의미한다.

전략투자(strategic investments)는 기업의 전략적인 목적을 위한 투자로서 기업의 직접적인 이익의 증대보다는 기타의 편익(benefits)을 장기간에 걸쳐 발생시키기 위한 투자를 의미한다.

2) 상호관계에 따른 분류

투자안은 상호관계에 따라 상호 배타적 투자안, 상호 종속적 투자안과 상호 독립적 투자안으로 구분된다.

상호 배타적 투자안(mutually exclusive projects)은 여러 투자안 중에서 하나의 투자안만을 채택해야 하는 조합을 말한다. 예를 들어 시설확장이나 설비구입에서 분석대상이 되는 투자대안들은 상호 배타적 관계에 있기 때문에 하나의 대안에만 투자해야 한다.

상호 종속적 투자안(mutually dependent projects)은 여러 투자안 중에서 하나의 투자안을 채택하면 다른 투자안도 반드시 채택해야 하는 조합을 말한다. 예를 들어 공장투자와 오염시설의 투자는 분리해서 고려할 수 없는 상호 종속적 투자안에 속한다. 공장을 건설할 때는 반드시 오염설비를 설치해야 하기 때문이다.

상호 독립적 투자안(mutually independent projects)은 여러 투자안 중에서 한 투자안의 채택이 다른 투자안의 채택에 영향을 미치지 않는 조합을 말한다. 예를 들어 식품공장과 반도체공장의 건설은 상호 독립적 투자안에 속한다. 두 투자안이 각각 경제성이 있으면 모두 채택할 수 있으며, 하나의 투자안만 경제성이 있으면 다른 투자안은 채택하지 않아도 되기 때문이다.

투자안의 경제성 분석에서 유의할 점은 투자안의 상호관계에 따라 의사결정의 기준이 달라진다는 점이다.

2. 자본예산기법의 필요충분조건

기업가치의 극대화라는 재무목표에 부합하는 평가결과를 얻을 수 있는 분석방법은 다음 3가지 조건을 충족시켜야 한다.

다음 3가지 조건 중 어느 하나라도 충족되지 않으면 재무목표에 부합하는 평가결과를 얻을 수 없다.

첫째, 투자와 관련된 모든 현금흐름을 고려하는 분석방법이어야 한다. 회계이익은 회계처리 방법에 따라 영향을 받기 때문에 회계이익을 이용한 투자분석기법으로는 기업가치의 극대화에 부합하는 평가결과를 얻을 수 없다. 아울러 현금흐름의 일부만을 고려하여 투자 여부를 평가하는 기법도 마찬가지이다.

둘째, 미래의 모든 현금흐름을 투자안의 자본비용으로 할인하고 있는 분석방법이어야 한다. 투자안의 자본비용은 투자안과 동일한 위험특성을 갖는 금융자산에 투자할 때 기대되는 수익률로 화폐의 시간적 가치와 미래 현금흐름의 불확실성에 따라 결정되는 할인율을 의미한다.

셋째, 가치가산의 원리(value additivity principle)가 성립되는 분석방법이어야 한다. 투자안의 경제성 분석에 이용되고 있는 할인율은 자본비용과 내부수익률로 구분된다. 자본비용과 내부수익률은 화폐의 시간적 가치와 불확실성이 반영되어 있다는 점에서 공통점을 갖지만 내부수익률은 가치가산의 원리가 유지되지 않는다는 점에서 문제가 있다.

제2절 투자안의 평가방법

1. 순현가법

순현가(net present value: NPV)는 미래의 현금흐름을 투자안의 자본비용으로 할인한 현재가치에서 투자비용을 공제한 순현재가치로 투자의 결과 새로이 창출되는 증분가치를 의미한다.

순현가법은 실물자산의 투자를 통하여 양(+)의 NPV를 얻을 수 있다면 NPV만큼 새로운 가치가 창출되기 때문에 투자할만한 가치가 있다고 평가할 수 있다.

1) 의사결정의 기준

상호 독립적 투자안

$NPV \geq 0 \Rightarrow$ 경제성 있음

$NPV < 0 \Rightarrow$ 경제성 없음

상호 배타적 투자안

$NPV \geq 0$인 투자안 중 NPV가 가장 큰 투자안

$\Rightarrow$ 경제성 있음

NPV는 투자의 결과 새로이 창출되는 증분가치로 식 (1)와 같이 미래의 현금흐름을 투자안의 자본비용으로 할인한 내재가치에서 투자비용을 차감한 금액이다.

$$NPV = \sum_{t=1}^{n} \frac{C_t}{(1+r)^t} - C_0 \tag{1}$$

C_t: t기 말의 현금흐름

C_0: 투자비용

r : 투자안의 자본비용

예제 6-1. 순현가법

1,600만원을 투자안 A에 투자하면 1년 후와 2년 후에 각각 800만원과 1,600만원의 현금흐름을 얻을 수 있으며, 자본비용은 10%이다. 순현가법을 이용하여 경제성을 분석하시오.

해설

1) 투자안 A의 NPV를 계산하면 다음과 같다.

$$NPV = \frac{800}{(1+0.1)} + \frac{1,600}{(1+0.1)^2} - 1,600 = 449\text{만원}$$

2) 1,600만원을 투자안 A에 투자하면 449만원의 가치를 새로이 창출할 수 있기 때문에 경제성이 있다.

2. 내부수익률법

내부수익률(internal rate of return: IRR)은 미래 현금흐름의 현재가치와 투자비용을 일치시키는 할인율을 말한다. 다시 말하여 NPV=0의 조건을 충족시키는 할인율로 식 (2)의 할인율을 의미한다.

$$NPV = \frac{C_1}{(1+IRR)} - C_0 = 0 \tag{2}$$

식 (2)을 IRR에 대하여 정리하면 식 (3)와 같다.

$$\text{내부수익률}(IRR) = \frac{C_1}{C_0} - 1 \tag{3}$$

한편 C_0원을 투자하여 1년 후에 C_1원의 현금흐름을 얻을 수 있는 경우 투자수익률은 식 (4)와 같다.

$$\text{투자수익률}(r) = \frac{C_1}{C_0} - 1 \tag{4}$$

식 (3)와 식 (4)에서 보는 바와 같이 내부수익률은 곧 투자수익률을 의미한다.

1) 의사결정의 기준

상호 독립적 투자안

내부수익률 ≥ 자본비용 ⇒ 경제성 있음

내부수익률 < 자본비용 ⇒ 경제성 없음

상호 배타적 투자안

내부수익률 ≥ 자본비용인 투자안 중 내부수익률이 가장 큰 투자안 ⇒ 경제성 있음

예를 들어 10억원을 투자하여 1년 후에 12억원의 현금흐름을 얻을 수 있는 투자에서 IRR은 투자수익률을 의미한다. 따라서 IRR이 자본비용보다 클 때 NPV도 양(+)의 값을 보인다. IRR이 투자수익률을 의미하는 경우에는 내수수익률법과 순현가법의 평가결과가 일치하기 때문에 내부수익률법을 이용하여 경제성을 분석해도 기업가치의 극대화라는 재무목표에 부합하는 평가결과를 얻을 수 있다.

식 (5)에서 보여주는 것처럼 IRR은 미래 현금흐름의 현재가치와 투자비용을 일치시키는 할인율을 의미한다. 이는 지금 C_0를 투자할 때 미래에 각각 C_t의 현금흐름을 얻는 경우의 평균 투자수익률을 의미한다.

$$\frac{C_1}{(1+IRR)} + \frac{C_2}{(1+IRR)^2} + \cdots + \frac{C_n}{(1+IRR)^n} - C_0 = 0\text{원} \tag{5}$$

예제 6-2. 내부수익률법과 순현가법

투자안 B의 현금흐름이 다음과 같고, 자본비용은 10%이다.

투자안	C_0	C_1	C_2
B	-1,600만원	800	1,600

내부수익률법과 순현가법을 이용하여 경제성을 분석하고 그 결과를 비교 평가하시오.

해설

1) 투자안 B의 IRR을 구하면 IRR = 28%이다.

$$\frac{800}{(1+IRR)} + \frac{1,600}{(1+IRR)^2} - 1,600 = 0 \rightarrow IRR = 28\%$$

따라서 IRR (28%) > 자본비용(10%)이기 때문에 경제성이 있다.

2) 한편 NPV를 구하면 투자안 B의 NPV는 449만원이다.

$$NPV = \frac{800}{(1+0.1)} + \frac{1,600}{(1+0.1)^2} - 1,600 = 449\text{만원}$$

따라서 NPV(B) = 449만원 > 0이기 때문에

IRR법과 마찬가지로 NPV법에서도 경제성이 있다.

3) 분석결과가 일치하는 이유

IRR이 투자수익률을 의미하기 때문이다.

투자수익률이 자본비용보다 큰 경우 NPV > 0의 관계가 유지된다.

〈예제 6-2〉의 결과를 보면 투자안 B의 경제성 분석에서 내부수익률법과 순현가법의 분석결과가 일치하였다. 그 이유는 투자안 B에서 IRR이 투자수익률을 의미하기 때문이다.

[그림 6-1]에서 보는 바와 같이 내부수익률법에서 IRR(28%) > 자본비용(10%)이기 때문에 경제성이 있으며, 순현가법에서도 NPV(449만원) > 0이기 때문에 경제성이 있다. 그러나 IRR이 투자수익률을 의미하는 경우에만 순현가법과 동일한 분석결과를 얻을 수 있다.

그림 6-1. 할인율과 NPV의 관계

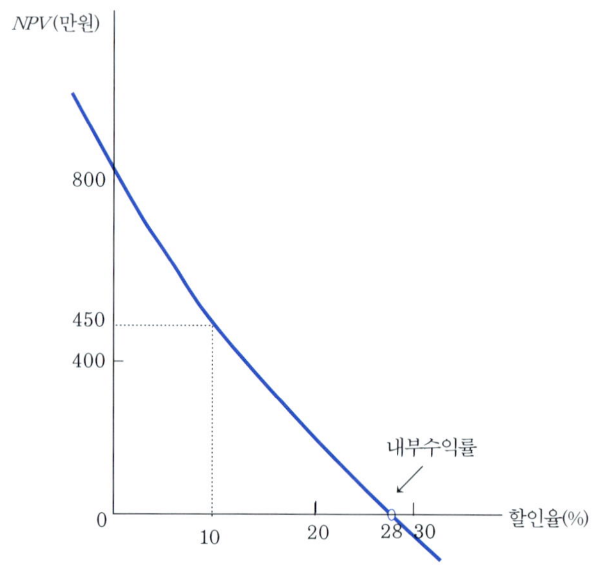

2) 한계점

내부수익률법의 한계점을 정리하면 다음과 같다.

첫째, 미래의 현금흐름을 자본비용이 아닌 내부수익률로 할인하는 것은 현실적이지 못하다. 내부수익률법에서는 미래의 현금흐름을 IRR로 재투자한다고 가정하고 있다.

둘째, 가치가산의 원리가 유지되지 않는다.

3. 수익성지수법

수익성지수(profitability index: PI)는 미래 현금흐름의 현재가치를 최초의 투자비용으로 나눈 것을 말한다. 수익성지수는 식 (6)과 같다.

$$PI(\text{투자안}) = \frac{\sum_{t=1}^{n} \frac{C_t}{(1+r)^t}}{C_0} = \frac{PV(\text{미래의 현금흐름})}{\text{최초의 투자비용}} \quad (6)$$

1) 의사결정의 기준

상호 독립적 투자안

수익성지수≥1.0 ⇒ 경제성 있음

수익성지수<1.0 ⇒ 경제성 없음

상호 배타적 투자안

수익성지수≥1.0인 투자안 중 수익성지수가 가장 큰 투자안 ⇒ 경제성 있음

수익성지수법에서는 PI≥1일 때 경제성이 있다. 미래 현금흐름의 현재가치가 최초의 투자비용보다 클 때 PI가 1보다 큰 값을 보이기 때문이다. 따라서 수익성지수법은 순현가법과 이론적인 맥락을 같이 하는 평가방법이라고 할 수 있다.

그러나 수익성지수법은 다음과 같은 한계점 때문에 언제나 순현가법과 일치하는 분석결과를 얻을 수 없다.

2) 한계점

수익성지수는 투자액에 대한 평균 수익성지수를 의미하기 때문에 가치가산의 원리가 유지되지 않는다.

예제 6-3. 수익성지수법의 한계점

상호 배타적 투자안 C와 D의 현금흐름은 다음과 같으며, 자본비용은 10%이다.

투자안	C_0	C_1
C	-10억원	20
D	-100	160

수익성지수법과 순현가법을 이용하여 경제성을 분석하고 그 결과를 비교 평가하시오.

해설

1) 투자안 C와 D의 NPV를 구하면 각각 다음과 같다.

$$NPV(\mathrm{C}) = \frac{20}{(1+0.1)} - 10 = 8.2\text{억원}$$

$$NPV(\mathrm{D}) = \frac{160}{(1+0.1)} - 100 = 45.4\text{억원}$$

한편 투자안 C와 D의 수익성지수(PI)를 구하면 각각 다음과 같다.

$$PI(\mathrm{C}) = \frac{18.2}{10} = 1.82$$

$$PI(\mathrm{D}) = \frac{145.4}{100} = 1.45$$

2) 순현가법에 의하면 NPV(D) > NPV(C)이기 때문에 투자안 D에 투자해야 하며, 수익성지수법에 의하면 PI(C) > PI(D)이기 때문에 투자안 C에 투자해야 한다.

3) 평가결과가 다른 이유.
상호배타적 투자안으로 투자규모에 차이가 있기 때문이다. 투자안 C의 PI(1.82)는 투자액 10억원에 대한 수익성지수를 그리고 투자안 D의 PI (1.45)는 투자액 100억원에 대한 수익성지수를 의미한다. 따라서 가치가산의 원리가 유지되지 않는다.

4. 회수기간법

회수기간(payback period)은 최초의 투자비용을 회수하는데 걸리는 기간을 말한다. 다시 말하여 회수기간은 누적 현금흐름이 최초의 투자비용과 일치하는 기간을 의미한다.

1) 의사결정의 기준

상호 독립적 투자안

회수기간≤목표 회수기간 ⇒ 경제성 있음
회수기간>목표 회수기간 ⇒ 경제성 없음

상호 배타적 투자안

회수기간≤목표회수기간인 투자안 중 회수기간이 가장 짧은 투자안 ⇒ 경제성 있음

회수기간법은 목표회수기간 이내에 최초의 투자비용을 회수할 수 있을 때 경제성이 있다고 평가한다. 따라서 상호 독립적 투자안에서는 회수기간이 목표회수기간보다 짧은 모든 투자안에 투자해야 하며, 상호 배타적 투자안에서는 회수기간이 가장 짧은 투자안에 투자해야 한다.

예제 6-4. 회수기간법과 순현가법

상호 독립적 투자안 E와 F의 현금흐름은 다음과 같고, 자본비용은 각각 10%이며, 목표회수기간은 1년이다. 회수기간법과 순현가법을 이용하여 경제성을 분석하시오.

(단위: 백만원)

투자안	C_0	C_1	C_2	C_3
E	-40	+40		
F	-40	+20	+20	+100

해설

1) 투자안 E와 F의 NPV를 구하면 다음과 같다.

$$NPV(\mathrm{E}) = \frac{40}{(1+0.1)} - 40 = -3.64\text{백만원}$$

$$NPV(\mathrm{F}) = \frac{20}{(1+0.1)} + \frac{20}{(1+0.1)^2} + \frac{100}{(1+0.1)^3} - 40 = 69.84\text{백만원}$$

2) 투자안 E와 F의 회수기간을 구하면 다음과 같다.

회수기간(E) = 1년

회수기간(F) = 2년

〈예제 6-4〉에서와 같이 회수기간법과 순현가법의 분석결과가 다르게 나타나는 이유는 회수기간법이 다음과 같은 한계점을 지니고 있기 때문이다.

2) 한계점

첫째, 현금흐름의 일부만을 고려하고 있다. 회수기간법은 회수기간 이전에 실현되는 현금흐름만을 고려하고 있으며, 회수기간 이후에 실현되는 현금흐름을 무시하는 한계점이 있다.

둘째, 화폐의 시간적 가치를 고려하지 않고 있다.

셋째, 목표 회수기간을 주관적으로 설정하고 있다.

넷째, 가치가산의 원리가 유지되지 않는다. 가치가산의 원리가 유지되지 않는 분석방법을 이용하면 기업가치를 높일 수 있는 분석결과를 얻을 수 없다.

5. 회계적 이익률법

회계적 이익률(accounting rate of return, ARR)은 투자안의 수명기간에 실현되는 평균 세후순이익을 평균 투자액으로 나눈 것을 말한다. 평균 세후순이익은 기간 중 세후순이익을 기간으로 나누어 구하고, 평균 투자액은 매년 장부가액의 합계금액을 (내용연수+1)로 나누거나 초기투자액을 2로 나누어 구할 수 있다.

$$\text{회계적 이익률} = \frac{\text{평균 세후순이익}}{\text{평균 투자액}} = \frac{\text{평균 세후순이익}}{\frac{\text{최초투자액}}{2}} \qquad (7)$$

1) 의사결정의 기준

상호 독립적 투자안

회계이익률≥목표 회계이익률 ⇒ 경제성 있음
회계이익률<목표 회계이익률 ⇒ 경제성 없음

상호 배타적 투자안

회계이익률≥목표 회계이익률인 투자안 중 회계이익률이 가장 큰 투자안 ⇒ 경제성 있음

예제 6-5. 회계이익률법과 순현가법

투자안 G의 투자소요액은 1,800만원이며, 내용연수는 3년이고, 정액법에 따라 감가상각을 하며, 목표 회계이익률은 17%이고, 자본비용은 10%이며, 추정 손익계산서는 다음과 같다.

구 분	1년	2년	3년
현금수익(만원)	2,400	2,000	1,600
현금비용	1,400	1,200	1,000
영업현금흐름	1,000	800	600
감가상각비	600	600	600
세후순이익	400	200	0

회계이익률법과 순현가법을 이용하여 경제성을 분석하고, 그 결과를 비교 평가하시오.

해설

1) 회계이익률법

투자안 G의 회계이익률을 구하면 다음과 같다.1)

$$\text{회계이익률} = \frac{\text{평균 세후순이익}}{\text{평균 투자액}} \times 100 = \frac{200}{900} \times 100 = 22.2\%$$

회계이익률(22.2%) < 목표 회계이익률(17%)이기 때문에 투자안 G는 경제성이 있다.

2) 순현가법

투자안 G의 NPV를 구하면 다음과 같다.

$$NPV = \frac{1,000}{(1+0.1)} + \frac{800}{(1+0.1)^2} + \frac{600}{(1+0.1)^3} - 1,800 = 221\text{만원}$$

NPV(221만원) > 0이기 때문에 투자안 G는 경제성이 있다.

2) 한계점

회계이익률법의 한계점으로는 현금흐름의 일부만을 고려하고, 화폐의 시간적 가치를 무시하며, 목표 회계이익률을 주관적으로 설정하는 것이 있다.

예제 6-6. 회계이익률법과 화폐의 시간적 가치

투자안 H, I와 J로부터 다음과 같은 순이익이 추정되며, 투자소요액은 각각 9,000만원이고, 목표 회계이익률은 20%이다.

투자안	1년	2년	3년
H	3,000만원	2,000	1,000
I	2,000	2,000	2,000
J	1,000	2,000	3,000

회계이익률법을 이용하여 경제성을 분석하고 어떤 문제점이 있는지를 설명하시오.

---

1) 평균 세후순이익을 구하면 다음과 같다.

$$\text{평균 세후순이익} = \frac{400+200+0}{3} = 200\text{만원}$$

해설

1) 각 투자안의 회계이익률을 구하면 다음과 같다.

$$\text{회계이익률}(H) = \frac{2,000}{9,000} \times 100 = 22.2\%$$

$$\text{회계이익률}(I) = \frac{2,000}{9,000} \times 100 = 22.2\%$$

$$\text{회계이익률}(J) = \frac{2,000}{9,000} \times 100 = 22.2\%$$

따라서 투자안 *H*, I와 J의 회계이익률(22.2%)이 목표 회계이익률(20%)보다 크기 때문에 모두 경제성이 있다.

2) 문제점

화폐의 시간적 가치를 고려하지 않고 있다는 점에서 문제가 있다. 화폐의 시간적 가치를 고려한다면 투자안 H의 가치가 투자안 I와 J보다 더 크다. 왜냐하면 투자안 H에서는 대부분의 순이익이 초기에 실현되고 있기 때문이다.

제3절 순현가법과 내부수익률법의 비교

1. 두 방법이 같은 평가결과를 가져오는 경우

일반적으로 단일투자안(single project)을 평가하거나 상호독립적인 투자안들을 각각 평가할 때에는 같은 결과를 가져온다.[2)]

2) 단, 복수의 내부수익률이 존재하거나 내부수익률이 없는 경우 제외

2. 두 방법이 다른 평가결과를 가져오는 경우

둘 또는 그 이상의 상호독립적인 투자안의 투자우선순위를 결정하거나 상호배타적인 투자안을 평가할 때 두 방법이 다른 평가결과를 가져올 수 있다. 일반적으로 ① 투자규모가 현저히 다를 경우, ② 투자규모가 같더라도 투자안들의 수명이 현저히 다를 경우, ③ 투자규모와 투자수명이 같더라도 현금흐름의 양상이 현저하게 다를 경우에 유의해서 살펴볼 필요가 있다.

요약

1. 투자안은 목적에 따라 대체투자, 확장투자, 제품투자, 전략투자로 구분되고, 상호관계에 따라 상호 배타적 투자안, 상호 종속적 투자안과 상호 독립적 투자안으로 구분된다.
2. 투자안의 경제성을 분석하는데 이용되는 방법은 투자와 관련된 모든 현금흐름을 고려하고, 미래의 모든 현금흐름을 투자안의 자본비용으로 할인하고, 가치가산의 원리가 성립되는 분석방법이어야 한다.
3. 순현재가치는 미래의 현금흐름을 투자안의 자본비용으로 할인한 현재가치에서 투자비용을 공제한 결과 새로이 창출되는 증분가치를 의미한다.
4. 내부수익률은 미래 현금흐름의 현재가치와 투자비용을 일치시키는 할인율을 말한다.
5. 수익성지수는 미래 현금흐름의 현재가치를 최초의 투자비용을 나눈 것을 말한다.
6. 회수기간은 최초의 투자비용을 회수하는데 걸리는 기간을 말한다.
7. 회계적 이익률은 투자안의 수명기간에 실현되는 평균 세후순이익을 평균 투자액으로 나눈 것을 말한다.

연습문제

OX 문제

1. 순현가법은 재투자수익률로 자본비용을 가정하고 가치의 가산원리가 성립하며, 투자액의 효율성을 고려한 방법이다.
2. 순현가 극대화점은 한계수익률과 한계비용이 일치하는 투자점이고, 내부수익률은 연평균투자수익률을 의미한다.

단답형

1. (   )는 미래의 현금흐름을 투자안의 자본비용으로 할인한 현재가치에서 투자비용을 공제한 순현재가치로, 투자의 결과 새로이 창출되는 증분가치를 의미한다.
2. (   )은 미래 현금흐름의 현재가치와 투자비용을 일치시키는 할인율을 말한다.
3. (   )는 미래 현금흐름의 현재가치를 최초의 투자비용으로 나눈 것을 말한다.
4. (   )은 최초의 투자비용을 회수하는데 걸리는 기간을 말한다.
5. (   )은 투자안의 수명기간에 실현되는 평균 세후순이익을 평균 투자액으로 나눈 것을 말한다.

주관식

1. 상호 배타적 투자안 X와 Y의 현금흐름은 다음과 같으며, 자본비용은 8%이다. 순현가법을 이용하여 경제성을 분석하시오.

투자안	C_0	C_1	C_2	C_3
X	-200백만원	150	150	150
Y	-500	280	280	280

2. 투자안 A의 현금흐름은 다음과 같으며, 자본비용은 20%이다.
내부수익률을 이용하여 경제성을 평가하시오.

투자안	C_0	C_1	C_2
A	-135억원	90	360

3. 상호 배타적 투자안 A와 B의 현금흐름은 다음과 같으며, 자본비용은 20%이다.
수익성지수법을 이용하여 경제성을 평가하시오.

투자안	C_0	C_1	C_2
A	-1,600백만원	1,200	1,440
B	-2,100	1,440	2,000

4. 투자안 A, B와 C의 현금흐름은 다음과 같고, 목표회수기간은 2년이며, 할인율은 10%이다.
회수기간법을 이용하여 경제성을 분석하시오.

투자안	C_0	C_1	C_2	C_3	C_4
A	-50백만원	10	10	30	
B	-10	0	10	20	30
C	-50	10	10	30	50

5. 서울(주)는 아이스크림공장을 건설하는 문제를 검토하고 있다. 아이스크림공장을 건설하는 경우 다음과 같은 순이익(E_t)이 기대되며, 정액법에 따라 감가상각을 하고, 목표회계이익률은 30%이다.
회계이익률을 이용하여 경제성을 평가하시오.

투자비용	E_1	E_2	E_3	E_4
-120	25억원	25	35	35

6. 상호 배타적 투자안 A와 B의 현금흐름은 다음과 같으며, 자본비용은 10%이고, 목표회수기간은 3년이다.

투자안	C_0	C_1	C_2	C_3	C_4
A	−21억원	15	30	30	37
B	−21	11	9	11	9

1) 회수기간법을 이용하여 경제성을 분석하시오.
2) 수익성지수법을 이용하여 경제성을 분석하시오.
3) 내부수익률을 이용하여 경제성을 분석하시오.
4) 순현가법을 이용하여 경제성을 분석하시오.

제 7 장

수익률과 위험

제 7 장
수익률과 위험

제1절 수익률과 위험

투자안의 경제성 분석에서 가장 중요한 것은 현금흐름과 할인율을 추정하는 일이다. 투자안의 할인율은 투자안과 동일한 위험특성을 갖는 금융자산에 투자할 때 기대할 수 있는 수익률을 의미한다. 왜냐하면 시장에서 투자자들이 기대하는 수익률을 금융비용으로 부담해야만 투자자금을 조달할 수 있기 때문이다. 그러므로 자본의 수요자 입장에서 보면 할인율은 자본비용을 의미하지만 자본의 공급자 입장에서 보면 할인율은 기대수익률을 의미한다.

이 장에서는 먼저 과거수익률과 위험을 측정하는 방법에 대해 알아본 후 미래의 기대수익률과 위험의 측정에 대해 설명하고자 한다.

1. 수익률과 평균수익률

여러 투자안들에 투자한 결과, 각 투자안의 투자성과를 비교하기 위해서는 투자기간 동안의 수익률인 보유기간수익률을 산출하여 비교할 수 있다. 예를 들어 A주식을 1주당 10,000원에 매입하여 1년 후 11,000원에 매도하였다면 1년간의 보유기간수익률은 10%이다. 즉, 보유기간수익률이란 투자자산을 보유한 기간 동안의 수익률을 말한다.

$$\text{보유기간수익률} = \frac{\text{기말투자금액}}{\text{기초투자금액}} - 1$$

이번에는 B주식을 1주당 10,000원에 매입하여 1개월 후 11,000원에 매도하였다면 보유기간수익률은 얼마가 될까? 보유기간수익률을 계산해 보면 10%로 A주식의 수익률과 같다. A주식은 1년 투자한 결과 보유기간수익률이 10%이고 B주식은 1개월을 투자한 결과 보유기간수익률이 10%이다.

그런데 두 투자안의 투자기간이 다르다면 보유기간수익률을 사용하여 두 투자안을 비교할 수가 없다. 이러한 경우, 두 투자안의 비교를 위해 연평균 보유기간수익률을 사용하여 비교하는 것이 일반적이다. 예를 들어 B주식을 1주당 10,000원에 매입하여 1개월 후 11,000원에 매도하였다면 보유기간수익률은 10%이지만 연평균 보유기간수익률은 213.8%가 된다.

$$연평균\ 보유기간수익률 = \sqrt[n]{\frac{기말투자금액}{기초투자금액}} - 1$$

이번에는 한 투자대상에서 발생한 과거 여러 해 동안의 수익률을 대표할 수 있는 수익률에 대해서 생각해 보자. 이 때의 수익률은 평균수익률을 사용할 수 있다. 평균수익률은 매년 발생한 수익률을 더하여 연수로 나누어 구할 수 있다. 예를 들어 A주식의 지난 5년간 투자수익률이 6%, -2%, 10%, 7%, 9%라고 한다면 평균수익률은 6%이다.

평균수익률은 다음과 같이 구할 수 있다.

$$평균수익률 = \frac{1}{n}\sum_{i=1}^{n} x_i$$

2. 수익률과 위험

과거수익률의 변동성을 나타내는 위험은 분산이나 표준편차를 이용하여 측정할 수 있다. 분산(σ^2)과 표준편차(σ)는 다음과 같이 구할 수 있다.

$$\sigma^2 = \frac{1}{n}\sum_{i=1}^{n}(x_i - 평균수익률)^2$$

$$\sigma = \sqrt{\sigma^2}$$

A주식의 지난 5년간 투자수익률이 6%, -2%, 10%, 7%, 9%라고 한다면 평균수익률은 6%이다. 이 주식의 위험을 나타내는 분산과 표준편차를 구해보면 각각 0.0023과 0.0474이다.

연도	수익률	평균수익률	편차	편차제곱
2014	0.0600	0.0600	0.0000	0.0000
2015	−0.0200	0.0600	−0.0800	0.0064
2016	0.1000	0.0600	0.0400	0.0016
2017	0.0700	0.0600	0.0100	0.0001
2018	0.0900	0.0600	0.0300	0.0009
합계	0.30		합계	0.0090
평균	0.06		분산	0.0023
			표준편차	0.0474

제2절 기대수익률과 위험

미래의 예상되는 투자수익률이 확실한 경우에는 두 투자안의 수익률을 비교하여 수익률이 큰 투자안을 쉽게 선택할 수 있다. 그런데 주식과 같이 미래의 투자수익률이 불확실한 경우에는 미래에 발생 가능한 확률분포를 알 수 있는 위험상황을 가정하여 기대수익률과 표준편차를 구할 수 있다.

수익률의 확률분포가 정규분포를 보이는 경우에는 정규분포의 모수인 기대수익률과 분산을 이용하여 투자성과의 크기와 질을 측정할 수 있다. 기대수익률은 여러 가능한 상황에서 얻을 수 있는 수익률을 상황의 발생확률에 따라 가중평균한 것으로 식 (1)과 같다.

$$E(r_i) = \sum_{i=1}^{n} P_i r_i \qquad (1)$$

한편 분산(variance: VAR, σ_i^2)은 평균편차의 제곱을 상황의 발생확률에 따라 가중평균한 것으로 식 (2)와 같다.

$$\sigma_i^2 = \sum_{i=1}^{n} P_i[r_i - E(r_i)]^2 \qquad (2)$$

그리고 표준편차(standard deviation)는 식 (3)과 같다.

$$\sigma_i = \sqrt{\sum_{i=1}^{n} P_i[r_i - E(r_i)]^2} = \sqrt{\sigma^2} \qquad (3)$$

σ_i^2: 자산 i의 분산
σ_i: 자산 i의 표준편차
P_i: 상황 S의 발생확률
r_i: 상황 S에서 자산 i의 실현 가능한 수익률
$E(r_i)$: 자산 i의 기대수익률

대부분의 실증적 연구결과에 의하면 수익률의 확률분포가 정규분포를 보이는 것으로 알려지고 있다. 그러므로 분산이나 표준편차를 이용하여 위험을 추정할 수 있다.

예제 7-1. 기대수익률과 표준편차의 계산

동전을 두 번 던질 수 있는 게임 A가 있다. 앞면이 나오면 20%의 수익률을 얻을 수 있는 반면 뒷면이 나오면 10%의 손해를 보며, 수익률의 확률분포가 정규분포를 보인다면 게임 A의 기대수익률과 표준편차는 얼마인가?

해설

1) 게임 A의 확률분포를 정리하면 다음과 같다.

상 황	확률	투자수익률
1 (앞면, 앞면)	1/4	40%
2 (앞면, 뒷면)	1/4	10
3 (뒷면, 앞면)	1/4	10
4 (뒷면, 뒷면)	1/4	-20

위의 자료를 이용하여 게임 A의 기대수익률을 계산하면 기대수익률은 10%이다.

$$E(r_i) = \frac{1}{4}(0.4) + \frac{1}{4}(0.1) + \frac{1}{4}(0.1) - \frac{1}{4}(0.2) = 0.1$$

2) 한편 게임 A의 분산을 구하면 분산은 0.045이다.

$$\sigma_i^2 = \frac{1}{4}(0.4-0.1)^2 + \frac{1}{4}(0.1-0.1)^2 + \frac{1}{4}(0.1-0.1)^2 + \frac{1}{4}(-0.2-0.1)^2 = 0.045$$

3) 게임 A의 표준편차를 구하면 표준편차는 21.2%이다.

$$\sigma_i = \sqrt{0.045} = 0.212$$

제3절 효용과 투자안의 선택

1. 기대효용이론

효용이란 인간이 어떤 목적물로부터 얻는 심리적 만족감 또는 정신적 행복감의 크기를 말한다. 즉, 주어진 기대수익률과 위험에 대해 투자자들이 느끼는 주관적인 만족도를 의미한다.

기대효용이론은 기대수익극대화 기준의 문제점을 해결하기 위해 도입된 개념으로, 투자로부터 얻을 수 있는 수익이 크면 클수록 투자자들의 효용은 커지게 되는데 기대효용은 수익성과 위험을 모두 고려한 것이다.

기대효용을 극대화하는 투자안을 선택하기 위해서는 위험도 함께 고려해야 하는데 위험에 대한 태도는 위험회피형(risk averse), 위험중립형(risk neutral), 위험선호형(risk seeking)으로 구분할 수 있다.

재무이론에서는 위험회피형 투자자를 가정하고 이론을 전개한다. 위험회피형 투자자는 위험을 싫어하는 합리적인 투자자로서, 위험을 부담해야 하는 경우에는 그에 상응하는 보상을 요구하는 유형이다. 따라서 다른 조건이 같다면 보다 적은 위험을 부담하기를 원하게 된다.

2. 투자안의 선택

개별자산의 선택은 지배원리에 따라 찾아내는 단계와 무차별곡선에 의해 최적개별자산을 선택하는 단계로 구분되어 있으며, 이러한 과정을 분리정리라 한다.

투자자들은 개별자산을 선택할 때 다음과 같이 두 단계로 구분하여 선택할 수 있다.

첫 번째 단계는 지배원리에 의하여 투자 가능한 투자대상을 찾는 단계이다. 이 단계는 효율적 투자집합을 선택하는 단계이며, 모든 투자자들이 같은 선택을 하게되는 객관적인 선택단계라 할 수 있다. 투자자들은 지배원리를 적용하여 기대수익률이 같다면 위험이 낮은 투자대상을 선택하고, 위험이 같다면 기대수익률이 높은 투자대상을 선택한다.

두 번째 단계에서는 투자자의 효용을 나타내는 무차별곡선에 의하여 최적개별자산을 선택하는 단계로 투자자들은 자신의 위험에 대한 태도에 따라 주관적인 선택을 하게 된다.

예제 7-2. 개별자산의 선택

주식 A와 주식 B에 투자했을 때 미래의 경기수준에 따른 수익률이 다음과 같다. 주식 A, B의 기대수익률과 표준편차는 얼마인가? 그리고 두 주식 중 어느 주식에 투자할 것인가?

경기수준	확률	예상수익률	
		주식 A	주식 B
호 황	0.2	105%	25%
준호황	0.3	60	20
준불황	0.3	-30	10
불 황	0.2	-75	5

해설

1) 위의 자료를 이용하여 주식 A와 B의 기대수익률을 계산하면 기대수익률은 15%이다.

$$E(r_A) = 0.2(1.05) + 0.3(0.6) + 0.3(-0.3) + 0.2(-0.75) = 0.15$$
$$E(r_B) = 0.2(0.25) + 0.3(0.2) + 0.3(0.1) + 0.2(0.05) = 0.15$$

2) 주식 A와 B의 분산을 구하면 분산은 0.4455와 0.0055이다.

$$\sigma_A^2 = 0.2(1.05-0.15)^2 + 0.3(0.6-0.15)^2 + 0.3(-0.3-0.15)^2 + 0.2(-0.75-0.15)^2 = 0.4455$$
$$\sigma_B^2 = 0.2(0.25-0.15)^2 + 0.3(0.2-0.15)^2 + 0.3(0.1-0.15)^2 + 0.2(0.05-0.15)^2 = 0.0055$$

3) 주식 A와 B의 표준편차를 구하면 표준편차는 66.7%와 7.4%이다.

$$\sigma_A = \sqrt{0.4455} = 0.667 = 66.7\%$$
$$\sigma_B = \sqrt{0.0055} = 0.074 = 7.4\%$$

4) 주식 A와 B는 기대수익률이 15%로 동일하지만 위험을 나타내는 표준편차는 A가 66.7%, B가 7.4%이다.

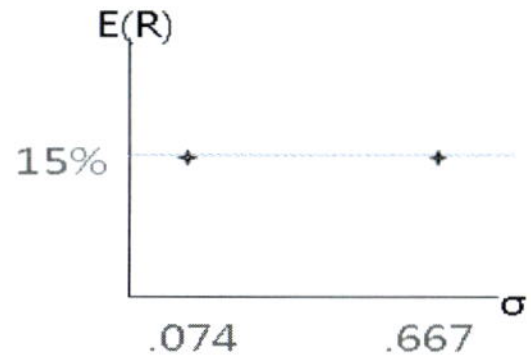

위험-수익평면에서 위험회피형 투자자들의 선호체계를 나타내는 지배원리에 따라 기대수익률이 같다면 위험이 낮은 투자대상을 선택할 것이므로, 합리적 이성적 투자자인 당신은 A보다 B에 투자하여야 한다.

제4절 포트폴리오 기초개념

1. 포트폴리오

포트폴리오(portfolio)란 한 종류의 자산에만 투자하는 것이 아니라 여러 자산에 투자함으로써 자산의 조합(combination of assets)을 소유하는 것이다. 즉, 둘 이상의 자산에 분산투자할 경우의 투자대상을 지칭한다. 예를 들어 어떤 사람이 10개의 증권을 보유하고 있다면 그는 10개로 구성된 포트폴리오를 소유하고 있는 셈이 된다.

2. 포트폴리오 효과

투자자들이 포트폴리오에 투자하는 이유는 투자수익을 희생시키지 않으면서 위험을 줄일 수 있기 때문이다. 투자자들이 개별증권에 분산투자하여 포트폴리오를 구성함으로써 기대수익률을 감소시키지 않으면서 투자위험을 줄이는 효과를 얻을 수 있다. 자금을 여러 증권에 나누어 투자하는 것을 분산투자라고도 하며, 분산투자의 목적은 위험을 줄이는데 있으며, 이를 분산투자효과라고 한다.

분산투자효과는 자금을 한 증권에만 투자하지 않고 여러 증권에 분산시켜 투자할수록 위험이 줄어드는 효과를 말한다. 여러 증권에 분산투자를 할 때 위험이 줄어드는 이유는 분산가능위험(diversifiable risk)이 존재하기 때문이다. 분산가능위험은 분산투자를 통하여 제거시킬 수 있는 위험을 말한다.

제5절 포트폴리오의 기대수익률과 위험

포트폴리오(portfolio)는 자산집합을 말한다. 이하에서 포트폴리오의 기대수익률과 위험을 측정하는 방법에 대하여 설명한다.

1. 포트폴리오의 기대수익률

투자자금 1억원을 3개의 자산에 1년간 투자한 결과가 다음과 같다면 세 개의 자산으로 구성된 포트폴리오의 수익률은 얼마가 될까?

	투자금액	투자수익률
정기예금	20,000,000	2%
부동산펀드	30,000,000	6%
주식	50,000,000	7%
합계	100,000,000	

포트폴리오의 수익률은 각각의 투자비율에 수익률을 곱한 값을 더하여 구할 수 있다. 위의 경우에 포트폴리오 수익률은 다음과 같이 계산하면 5.7%가 된다.

$$R_p = 0.2 \times 2\% + 0.3 \times 6\% + 0.5 \times 7\% = 5.7\%$$

그러면 향후 두 개의 자산으로 포트폴리오를 구성한다면 포트폴리오의 기대수익률과 위험을 어떻게 측정할 수 있는가? 포트폴리오의 기대수익률은 각 증권의 기대수익률을 투자비율에 따라 가중평균한 것으로, 증권 A와 B로 구성되는 포트폴리오의 기대수익률은 식 (4)와 같다.

$$E(r_p) = wE(r_A) + (1-w)E(r_B) \tag{4}$$

w: 증권 A의 투자비율
$(1-w)$: 증권 B의 투자비율

2. 포트폴리오의 위험

증권 A와 B로 구성되는 포트폴리오의 분산은 식 (5)와 같다.

$$\sigma_p^2 = w^2\sigma^2(r_A) + (1-w)^2\sigma^2(r_B) + 2w(1-w)COV(r_A, r_B) \tag{5}$$

식 (5)에서 $COV(r_A, r_B)$는 증권 A와 B의 공분산을 의미한다.

공분산은 두 증권의 평균편차의 곱을 상황의 발생확률에 따라 가중평균하여 측정된다. 증권 A와 B의 공분산은 식 (6)과 같다.

$$COV(r_A, r_B) = \sum_{i=1}^{n} P_i[r_{A,i} - E(r_A)][r_{B,i} - E(r_B)] \tag{6}$$

공분산은 두 증권의 수익률이 미래의 상황에 따라 함께 움직이는 방향과 정도를 측정하는데 이용되는 통계적인 척도이다. 양(+)의 공분산은 미래의 상황에 따라 두 증권의 수익률이 같은 방향으로 움직임을 의미하며, 음(-)의 공분산은 미래의 상황에 따라 두 증권의 수익률이 반대 방향으로 움직임을 의미한다.

예제 7-3. 포트폴리오의 기대수익률과 표준편차

증권 A와 B의 확률분포가 다음과 같고, 각 증권에 50%씩 투자하여 포트폴리오를 구성하려고 한다. 포트폴리오의 기대수익률과 표준편차를 계산하시오.

상황	확률	투자수익률	
		증권 A	증권 B
1	0.2	11%	-3%
2	0.2	9	15
3	0.2	25	2
4	0.2	7	20
5	0.2	-2	6

해설

1) 증권 A와 B의 기대수익률, 표준편차와 분산을 계산하면 다음과 같다.

구분	증권 A	증권 B
$E(r_i)$	10%	8%
σ_i	8.7%	8.4%
σ_i^2	0.00760	0.00708

2) 증권 A와 B에 각각 50%씩 투자하는 경우 포트폴리오의 기대수익률은 9%이다.

$$E(r_p) = 0.5 \times 10\% + 0.5 \times 8\% = 9\%$$

3) 증권 A와 B의 공분산을 계산하면 다음과 같다.

$$\begin{aligned} COV(r_A, r_B) &= 0.2(0.11-0.1)(-0.03-0.08) + 0.2(0.09-0.1)(0.15-0.08) \\ &\quad + 0.2(0.25-0.1)(0.02-0.08) + 0.2(0.07-0.1)(0.2-0.08) \\ &\quad + 0.2(-0.02-0.1)(0.06-0.08) \\ &= -0.0024 \end{aligned}$$

4) 증권 A와 B에 각각 50%씩 투자하는 경우 포트폴리오의 분산과 표준편차는 각각 0.00247과 4.97%이다.

$$\sigma_p^2 = (0.5)^2 0.0076 + (0.5)^2 0.0071 + 2 \times 0.5 \times 0.5 \times (-0.0024) = 0.00247$$

$$\sigma_p = \sqrt{0.00247} = 0.0497 \rightarrow \sigma(r_p) = 4.97\%$$

이상에서 살펴본 바와 같이 포트폴리오의 표준편차가 두 증권의 표준편차보다 훨씬 낮은 수준인 4.97%까지 줄어들었다. 이처럼 포트폴리오의 표준편차가 크게 줄어든 이유는 분산투자효과 때문이다.

1) 공분산

식 (6)을 이용하여 증권 A의 분산을 나타내면 식 (7)과 같다.

$$\begin{aligned} COV(r_A, r_A) &= \sum_{i=1}^{n} P_i [r_{A,i} - E(r_A)][r_{A,i} - E(r_A)] \\ &= \sum_{i=1}^{n} P_i [r_{A,i} - E(r_A)]^2 \\ &= \sigma_A^2 \end{aligned} \tag{7}$$

식 (7)에서 볼 수 있는 것처럼 증권 A의 공분산은 곧 증권 A의 분산을 의미한다. 따라서 식 (5)를 공분산의 관계식으로 나타내면 식 (8)과 같다.

$$\sigma_P^2 = w_A w_A\, COV(r_A, r_A) + w_B w_B COV(r_B, r_B) + 2 w_A w_B COV(r_A, r_B) \tag{8}$$

w_A: 증권 A의 투자비율
w_B: 증권 B의 투자비율
$COV(r_A, r_A)$: 증권 A의 분산
$COV(r_B, r_B)$: 증권 B의 분산
$COV(r_A, r_B)$: 증권 A와 B의 공분산

식 (8)에서 보여주는 것처럼 구성증권이 포트폴리오의 분산에 미치는 영향을 평가할 때는 공분산을 이용하는 것이 바람직하다.

다음에는 구성증권간의 공분산이 포트폴리오의 분산에 미치는 영향에 대하여 살펴보자. 〈표 7-1〉는 포트폴리오의 구성증권인 증권 A와 B의 분산-공분산 행렬을 보여주고 있다. 〈표 7-1〉에서 보여주는 것처럼 증권 A와 B로 구성하는 포트폴리오의 분산은 두 개의 분산 항과 두 개의 공분산 항으로 구성되어 있다.

표 7-1. 증권 A와 B의 분산-공분산 행렬

	증권 A	증권 B
증권 A	$w_A^2\sigma_A^2$	$w_A w_B \sigma_{AB}$
증권 B	$w_B w_A \sigma_{BA}$	$w_B^2\sigma_B^2$

〈표 7-1〉에서 보여주는 공분산 행렬을 이용하여 포트폴리오의 분산을 정리하면 식 (9)와 같다.

$$\sigma_p^2 = w_A^2\sigma_A^2 + w_B^2\sigma_B^2 + 2w_A w_B COV(r_A, r_B) \qquad (9)$$

식 (9)에서는 포트폴리오의 분산에서 증권 A의 분산이 차지하는 비중은 $w_A^2\sigma_A^2$이고, 증권 B의 분산이 차지하는 비중은 $w_B^2\sigma_B^2$이며, 증권 A와 B의 공분산이 차지하는 비중은 $2w_A w_B COV(r_A, r_B)$이다.

이제 시장에서 거래되는 모든 증권으로 포트폴리오를 구성한다고 가정하자. 시장에서 거래되고 있는 모든 증권을 시장가치비율에 따라 투자할 때 구성되는 포트폴리오를 시장포트폴리오(market portfolio)라고 한다. 시장포트폴리오의 분산은 식 (10)과 같다.[1)]

$$\sigma_M^2 = \sum_{i=1}^{n}\sum_{j=1}^{n} w_i w_j COV(r_i, r_j) \qquad (10)$$

(i=1, 2, ⋯, N, j=1, 2, ⋯, N)

w_i: 증권 i의 투자비율(i=1, 2,⋯, N)

w_j: 증권 j의 투자비율(j=1, 2,⋯, N)

---

1) 시장포트폴리오에서 각 구성증권에 대한 투자비율은 다음과 같다.

$$w_i = \frac{P_i Q_i}{\sum_{i=1}^{n} P_i Q_i}$$

w_i: 구성증권 i의 투자비율, P_i: 구성증권 i의 주당시장가격, Q_i: 구성증권 i의 발행주식수

σ_M^2: 시장 포트폴리오의 분산
$COV(r_i, r_j)$: 증권 i와 증권 j의 공분산

〈표 7-2〉는 식 (10)을 구성증권 간의 공분산 행렬로 나타낸 것이다. 〈표 7-2〉에서 ■은 각 구성증권의 분산을 의미하며, □은 각 구성증권간의 공분산을 의미한다. 식 (10)과 〈표 7-2〉에서 보여주는 것처럼 시장포트폴리오의 분산은 N개의 분산 항과 N(N-1)/2개의 공분산 항으로 구성되고 있다.[2)]

표 7-2. 시장포트폴리오의 공분산 행렬

	i=1	2	3	·····	N
j=1	$w_1^2\sigma_1^2$	$w_1w_2\sigma_{12}$	$w_1w_3\sigma_{13}$		$w_1w_N\sigma_{1N}$
2	$w_2w_1\sigma_{21}$	$w_2^2\sigma_2^2$	$w_2w_3\sigma_{23}$		$w_2w_N\sigma_{2N}$
3	$w_3w_1\sigma_{31}$	$w_3w_2\sigma_{32}$	$w_3^2\sigma_3^2$		$w_3w_N\sigma_{3N}$
⋮					
N	$w_Nw_1\sigma_{N1}$	$w_Nw_2\sigma_{N2}$	$w_Nw_3\sigma_{N3}$		$w_N^2\sigma_N^2$

2) 상관계수

식 (11)은 두 증권의 공분산을 각 증권의 표준편차로 나눈 것으로 증권 A와 B의 상관계수를 의미한다. 상관계수는 -1과 1사이의 값을 갖는다.

$$\rho_{AB} = \frac{COV(r_A, r_B)}{\sigma_A \sigma_B} \tag{11}$$

ρ_{AB}: 증권 A와 B의 상관계수
$COV(r_A, r_B)$: 증권 A와 B의 공분산
σ_A: 증권 A의 표준편차
σ_B: 증권 B의 표준편차

2) 공분산은 $COV(r_i, r_j)$ 또는 σ_{ij}로 표기되며, 분산은 $VAR(r_i)$, $\sigma^2(r_i)$ 또는 σ_i^2로 표기된다.

식 (11)을 공분산에 대하여 정리하면 식 (12)와 같다.

$$COV(r_A, r_B) = \sigma_A \sigma_B \rho_{AB} \tag{12}$$

식 (12)를 식 (9)에 대입하면 포트폴리오 분산을 식 (13)과 같이 나타낼 수 있다.

$$\sigma_p^2 = w_A^2 \sigma_A^2 + w_B^2 \sigma_B^2 + 2 w_A w_B \sigma_A \sigma_B \rho_{AB} \tag{13}$$

예제 7-4. 상관계수와 분산투자효과

다음은 증권 A와 B의 기대수익률과 표준편차이다.

	증권 A	증권 B
기대수익률	5%	15%
표준편차	20%	40%

증권 A와 B의 상관계수가 각각 −1, 0과 1일 때 각 증권의 투자비율을 달리하는 경우 구성되는 포트폴리오의 기대수익률과 표준편차를 그림으로 나타내고 설명하시오.

해설

[그림 7-1]에서 보여주는 것처럼 두 증권의 상관관계에 따라 분산투자효과에 차이가 있다.

그림 7-1. 관계수와 분산투자효과

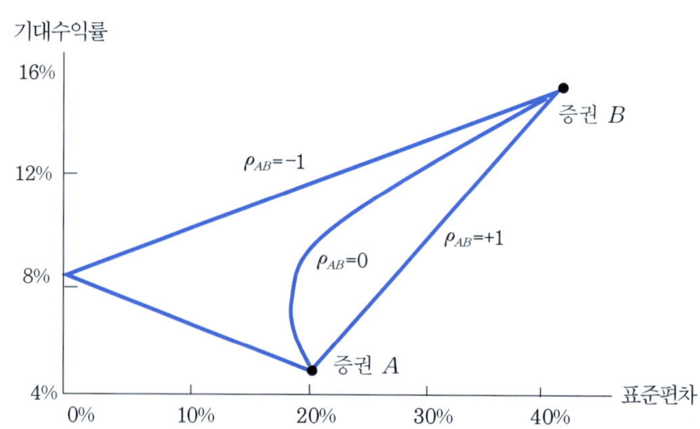

상관계수가 -1인 두 증권으로 포트폴리오를 구성할 경우에는 투자비율을 조절하면 위험이 완전히 제거되지만, 상관계수가 1인 두 증권으로 포트폴리오를 구성하는 경우에는 위험이 줄어들지 않는다.

한편 상관계수가 0인 증권으로 포트폴리오를 구성하는 경우에는 위험의 상당한 부분이 제거됨을 알 수 있다.

예제 7-5. 분산투자효과의 측정

증권 A와 B의 확률분포는 다음과 같으며, 두 증권에 각각 50%씩 투자하여 포트폴리오를 구성하려고 한다.

상황	확률	투자수익률	
		증권 A	증권 B
1	0.2	11%	-3%
2	0.2	9	15
3	0.2	25	2
4	0.2	7	20
5	0.2	-2	6

포트폴리오의 표준편차를 계산하여 표준편차가 어느 정도 줄어들었으며, 줄어들었다면 그 이유를 설명하시오.

해설

1) 완전 양(+)의 상관관계에 있는 두 증권으로 포트폴리오를 구성하면 분산투자효과를 얻을 수 없다. $\rho_{AB}=1$인 두 증권으로 구성되는 포트폴리오의 표준편차는 다음과 같다.

$$\sigma_p = w\,\sigma(r_A) + (1-w)\,\sigma(r_B)$$

두 증권에 50%씩 투자하여 구성한 포트폴리오의 표준편차를 구하면 8.55%이다.

$$\sigma_p = 0.5\times 8.7\% + 0.5\times 8.4\% = 8.55\%$$

2) 증권 A와 B의 분산을 구하면 각각 0.0076과 0.0071이고, 증권 A와 B의 공분산을 계산하면 다음과 같다.

$$COV(r_A, r_B) = 0.2(0.11-0.1)(-0.03-0.08)+0.2(0.09-0.1)(0.15-0.08)$$
$$+0.2(0.25-0.1)(0.02-0.08)+0.2(0.07-0.1)(0.2-0.08)$$
$$+0.2(-0.02-0.1)(0.06-0.08)$$
$$=-0.0024$$

이 경우 증권 A와 B에 각각 50%씩 투자하여 구성한 포트폴리오의 표준편차를 구하면 4.97%이다.

$$\sigma_p = [(0.5)^2 0.0076+(0.5)^2 0.0071+2\times0.5\times0.5\times(-0.0024)]^{\frac{1}{2}} = 0.0497$$

3) 포트폴리오의 표준편차가 8.55%에서 4.97%까지 3.58% 포인트 줄어든 이유는 두 증권의 수익률이 음(-)의 상관관계를 보이기 때문이다. 두 증권의 수익률 사이에 존재하는 상관계수를 구하면 다음과 같다.

$$\rho_{AB} = \frac{COV(r_A, r_B)}{\sigma_A \sigma_B} = \frac{-0.0024}{0.087\times0.084} = -0.328$$

3. 최적포트폴리오의 선택

포트폴리오의 기대수익률과 위험을 측정하여 위험과 수익률을 그래프로 표시하면 투자 가능한 투자기회집합을 얻을 수 있다.

투자기회집합 중에서 합리적인 투자자라면 지배원리에 따라 다른 모든 포트폴리오를 지배하는 하나를 선택하게 된다. 지배원리란 위험회피형 투자자의 선택논리로서 동일한 기대수익률을 갖는 포트폴리오 중에서 가장 낮은 위험을 가지는 포트폴리오를 선택하고, 동일한 위험을 갖는 포트폴리오 중에서 가장 높은 기대수익률을 가지는 포트폴리오를 선택한다는 것이다. 이러한 지배원리를 만족하는 포트폴리오를 효율적 포트폴리오라고 한다.

이 효율적 포트폴리오의 집합을 효율적 프론티어 또는 효율적 투자선이라 한다.

그림 7-2. **포트폴리오의 선택**

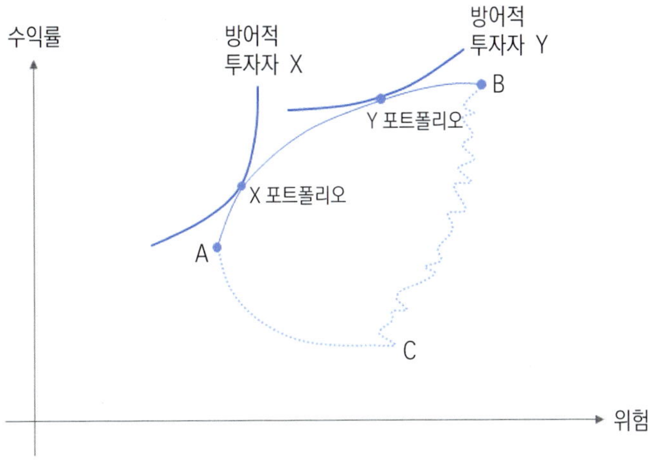

[그림 7-2]에서 AB는 그 이하의 모든 투자조합을 지배하고 있으므로 AB가 효율적 프론티어이고 이 선상에 있는 모든 포트폴리오는 효율적 포트폴리오가 된다. 투자자들은 효율적 프론티어 AB 선상에 놓여 있는 수많은 포트폴리오 중에서 그들의 효율을 극대화시키는 포트폴리오를 선택하게 된다.

그런데 포트폴리오의 선택은 투자자의 위험회피정도에 따라 달라진다. 보다 위험회피적인 투자자 X(방어적 투자자)는 자신의 무차별곡선과 효율적 프론티어 AB가 만나는 X 포트폴리오를 선택하고, 위험회피 경향이 적은 투자자 Y(적극적 투자자)는 자신의 무차별곡선과 효율적 프론티어 AB가 만나는 Y 포트폴리오를 선택하게 된다. 이 때 선택된 포트폴리오를 최적포트폴리오라 한다. 따라서 최적포트폴리오의 선택 결과를 보면 방어적인 투자자 X는 다소 위험이 적고 또한 기대수익률도 적은 포트폴리오를 선택하는 반면 공격적인 투자자 Y는 위험도 크고 기대수익률도 큰 포트폴리오를 선택하게 된다.

이상에서 살펴본 최적포트폴리오 선택과정도 역시, 다음의 두 가지 단계로 구성되는데, 첫 번째는 위험자산만으로 구성되어 있는 포트폴리오의 집합 중에서 지배원리에 의하여 효율적 프론티어를 찾아내는 단계이고, 두 번째는 투자자의 효용을 나타내는 무차별곡선에 의하여 최적포트폴리오를 찾아내는 단계로 구성되어 있다.

요약

1. 기대수익률은 여러 가능한 상황에서 얻을 수 있는 수익률을 상황의 발생확률에 따라 가중평균하여 계산한다.
2. 분산(variance: VAR, σ_i^2)은 평균편차의 제곱을 상황의 발생확률에 따라 가중평균한 것이며, 분산의 제곱근은 표준편차(standard deviation)이다.
3. 기대효용을 극대화하는 투자안을 선택하기 위해서는 위험도 함께 고려해야 하는데 위험에 대한 태도는 위험회피형(risk averse), 위험중립형(risk neutral), 위험선호형(risk seeking)으로 구분할 수 있다.
   재무이론에서는 위험회피형 투자자를 가정하고 이론을 전개한다.
4. 개별자산의 선택은 지배원리에 따라 찾아내는 단계와 무차별곡선에 의해 최적개별자산을 선택하는 단계로 구분되어 있으며, 이러한 과정을 분리정리라 한다.
5. 포트폴리오(portfolio)란 한 종류의 자산에만 투자하는 것이 아니라 여러 자산에 투자함으로써 자산의 조합(combination of assets)을 소유하는 것이다.
6. 분산투자효과는 자금을 한 종류의 자산에만 투자하지 않고 여러 증권에 분산시켜 투자할수록 위험이 줄어드는 효과를 말한다.
   여러 증권에 분산투자를 할 때 위험이 줄어드는 이유는 분산가능위험(diversifiable risk)이 존재하기 때문이다. 분산가능위험은 분산투자를 통하여 제거시킬 수 있는 위험을 말한다.
7. 공분산은 두 증권의 수익률이 미래의 상황에 따라 함께 움직이는 방향과 정도를 측정하는데 이용되는 통계적인 척도이며, 두 증권의 평균편차의 곱을 상황의 발생확률에 따라 가중평균하여 계산한다.
8. 상관계수는 두 증권의 공분산을 각 증권의 표준편차로 나눈 것을 의미하며, 그 값은 −1과 1 사이의 값을 갖는다.

연습문제

OX 문제

1. 주식의 투자수익률은 배당수익률과 자본이득률의 합이다.
2. 포트폴리오 이론에서 위험이란 기대수익률의 분포가 퍼져 있는 정도로서 실제값이 기대수익률과 다르게 발생할 가능성을 의미한다.
3. 포트폴리오 이론에서 투자자의 목표는 기대효용을 극대화하는 것이다.
4. 두 개 이상의 자산으로 포트폴리오를 구성하면 반드시 포트폴리오 효과를 누릴 수 있으므로 하나의 개별자산에 투자하는 것보다 포트폴리오를 구성한 투자안이 항상 우월하다.

단답형

1. (   )은 여러 가능한 상황에서 얻을 수 있는 수익률을 상황의 발생확률에 따라 가중평균하여 계산한다.
2. 분산은 평균편차의 제곱을 상황의 발생확률에 따라 가중평균한 것이며, 분산의 제곱근은 (   )이다.
3. 개별자산의 선택은 지배원리에 따라 찾아내는 단계와 무차별곡선에 의해 최적개별자산을 선택하는 단계로 구분되어 있으며, 이러한 과정을 (   )라 한다.
4. (   )란 한 종류의 자산에만 투자하는 것이 아니라 여러 자산에 투자함으로써 자산의 조합(combination of assets)을 소유하는 것이다.
5. (   )은 두 증권의 수익률이 미래의 상황에 따라 함께 움직이는 방향과 정도를 측정하는데 이용되는 통계적인 척도이며, 두 증권의 평균편차의 곱을 상황의 발생확률에 따라 가중평균하여 계산한다.
6. (   )는 두 증권의 공분산을 각 증권의 표준편차로 나눈 것을 의미하며, 그 값은 −1과 1 사이의 값을 갖는다.

주관식

1. 아래 자료를 이용하여 다음 질문에 답하시오. (단위: %)

상태	확률	증권	
		A	B
1	0.1	-20	-60
2	0.2	10	0
3	0.4	30	34
4	0.2	25	68
5	0.1	80	128

1) 각 증권의 기대수익률을 계산하시오.
2) 각 증권의 표준편차를 구하시오.
3) 증권 A와 B의 공분산과 상관계수를 구하시오.
4) 증권 A와 B에 각각 투자액의 50%씩 투자하여 포트폴리오를 구성하는 경우 포트폴리오의 기대수익률과 표준편차를 계산하시오.

2. 무위험수익률과 시장포트폴리오의 기대수익률이 각각 8%와 16%이며, 증권 X의 β계수가 0.7이고, 증권 Y의 기대수익률은 24%이다.
1) 증권 X의 기대수익률을 구하시오.
2) 증권 Y의 β계수를 측정하시오.

3. 기대수익률이 10%와 20%인 주식 A와 B에 각각 1,200만원과 1,000만원을 투자하여 포트폴리오를 구성하려 한다.
포트폴리오의 기대수익률을 계산하시오.

4. 다음과 같은 재무정보를 이용하여 기대수익률을 추정하시오.

상태	확률	수익률
경기침체	0.3	-5%
정상	0.4	12
경기호전	0.3	20

5. 다음의 자료를 이용하여 물음에 답하시오.

상태	확률	수익률	
		증권 A	증권 B
경기침체	0.2	6%	-10%
정상	0.6	8	9
경기호전	0.2	12	20

1) 증권 A와 B의 기대수익률을 구하시오.
2) 증권 A와 B의 표준편차를 구하시오.
3) 증권 A와 B에 각각 50%씩 투자하는 경우 포트폴리오의 기대수익률과 표준편차를 계산하시오.

제 8 장

자본자산가격결정모형

제 8 장

자본자산가격결정모형

제1절 비체계적 위험과 체계적 위험

지금까지 개별자산은 물론 포트폴리오의 기대수익률과 표준편차를 측정하는 방법과 분산투자효과에 대하여 살펴보았다.

개별증권의 위험은 체계적 위험과 비체계적 위험으로 구성된다.

비체계적 위험(unsystematic risk)을 분산가능위험이라고 하며, 체계적 위험(systematic risk)을 분산불가능위험이라고 한다. 개별증권의 위험은 식 (1)과 같다.

$$\text{위험} = \text{체계적위험} + \text{비체계적위험} \qquad (1)$$

다음에는 분산투자를 통해서도 제거할 수 없는 체계적 위험과 분산투자를 통하여 제거할 수 있는 비체계적 위험에 대하여 살펴보자.

1. 비체계적 위험

비체계적 위험은 전체시장의 수익률 변동과 무관하게 기업의 고유한 환경요인에 따라 수익률이 변동하는 위험으로 분산투자를 통하여 제거시킬 수 있는 위험이다. 즉 경영자의 능력, 노사관계, 유통망과 원자재의 확보능력 등과 같은 요인은 그 기업만이 가지고 있는 고유한 환경요인으로 비체계적 위험에 영향을 미치는 요인이다.

예를 들어 노사관계가 바람직하지 않은 기업에서는 이러한 노사관계가 미래의 현금흐름에 부정적인 영향을 미치기 때문에 주가가 하락하며, 반대로 노사관계가 바람직한 기업에서는 미래의 현금흐름에 긍정적인 영향을 미치기 때문에 주가가 상승한다. 이 경우 투자자가 하나의 증권만을 소유하고 있다면 비체계적 위험을 감수해야 하지만 여러 증권으로 포트폴리오를 구성하면 비체계적 위험을 제거시킬 수 있기 때문에 비체계적 위험을 감수하지 않아도 된다.

2. 체계적 위험

체계적 위험은 시장 전체의 수익률이 변동함에 따라 영향을 받아 개별증권의 수익률이 변동하는 위험으로 분산투자를 통해서도 제거할 수 없는 위험이다. 분산투자를 통해서도 위험을 제거할 수 없으므로 분산불가능위험이라고도 한다. 그리고 시장전체의 위험에 해당되기 때문에 시장위험이라고도 한다. 체계적 위험에는 이자율 위험, 재투자위험, 환율위험, 구매력 위험 등이 있다.

아무리 많은 증권으로 포트폴리오를 구성하더라도 체계적 위험은 제거시킬 수 없다. 경제환경이 악화되면 거의 모든 기업의 수익력이 떨어지며, 반대로 경제환경이 호전되면 거의 모든 기업의 수익력이 개선된다. 즉 이와 같은 경제환경에 영향을 미치는 금융정책, 산업정책, 수출입정책 및 재정정책 등과 같은 요인에 의해서 발생되는 위험을 말한다.

3. 체계적 위험과 베타

개별증권의 위험을 체계적 위험과 비체계적 위험으로 구분하여 설명하였다. 증권에 따라 위험프리미엄이 다른 이유는 증권마다 체계적 위험이 다르기 때문이다.

투자자들은 분산투자를 통하여 제거시킬 수 없는 체계적 위험에 대한 보상을 요구하기 때문에 체계적 위험의 정도에 따라 위험프리미엄이 결정된다.

이러한 관점에서 보면 증권의 기대수익률을 결정하는 유일한 요인이 바로 체계적 위험임을 알 수 있다. 따라서 투자위험이 크더라도 체계적 위험이 작은 증권에 투자하는 경우에는 낮은 수익률을 기대할 수 있으며, 반대로 투자위험이 작더라도 체계적 위험이 높은 증권에 투자하는 경우에는 높은 수익률을 기대할 수 있다.

그렇다면 체계적 위험을 어떻게 추정할 수 있는가? 체계적 위험은 β계수를 이용하여 추정할 수 있다. 개별증권의 β계수는 시장포트폴리오와의 공분산을 시장포트폴리오의 분산으로 나눈 것으로 식 (2)와 같다.

$$\beta_i = \frac{COV(r_i, r_M)}{\sigma^2(r_M)} \tag{2}$$

$$COV(r_i, r_M) = \sum_{s=1}^{n} P_s [r_{i,s} - E(r_i)][r_{M,s} - E(r_M)]$$

$\sigma^2(r_M)$: 시장포트폴리오의 분산

식 (2)에서 β_i는 시장포트폴리오의 수익률이 1% 변동할 때 증권 i의 수익률이 영향을 받는 상대적인 정도를 나타내는 민감도계수이다.

4. 시장포트폴리오와 포트폴리오 베타

시장포트폴리오는 시장에서 거래되는 모든 증권을 시장가치비율에 따라 구성하는 포트폴리오를 말한다. 한편 포트폴리오의 체계적 위험은 구성증권의 평균적인 체계적 위험에 수렴한다. 이와 같은 사실은 분산투자의 효과에 한계가 있음을 의미한다. 포트폴리오의 체계적 위험은 식 (3)과 같다.[1]

$$\sigma^2(r_p) = \sum_{i=1}^{n} \frac{1}{n^2} \beta_i^2 \sigma^2(r_M) = (\overline{\beta_i})^2 \sigma^2(r_M) \tag{3}$$

식 (3)에서 포트폴리오의 β계수는 식 (4)와 같다.

---

1) $\sigma^2(r_p) = \frac{1}{n^2}[\beta_1^2 + \beta_2^2 + \beta_3^2 + \cdots + \beta_n^2]\sigma^2(r_M) = \frac{1}{n^2}[n\overline{\beta_i}]^2 = (\overline{\beta_i})^2\sigma^2(r_M)$

$$\beta_p = \sum_{i=1}^{n} w_i \beta_i \tag{4}$$

식 (4)에서 보여주는 것처럼 포트폴리오의 β계수는 각 구성증권의 β계수를 투자비율에 따라 가중 평균한 것과 같다.

예제 8-1. 포트폴리오의 β 계수

증권 A와 B의 기대수익률은 각각 40%와 20%이고, β계수는 각각 0.5와 1.5이다. 증권 A와 B에 각각 50%씩 투자하는 경우 포트폴리오의 β계수를 구하시오.

해설

β계수가 각각 0.5와 1.5인 증권 A와 B에 50%씩 투자하여 구성하는 포트폴리오의 β계수는 1.0이 된다.

$$\beta_p = 0.5 \times 0.5 + 0.5 \times 1.5 = 1.0$$

제2절 증권시장선

이제 위험에 대한 보상이 시장에서 어떻게 결정되는가에 대하여 살펴보자. 위험에 대한 보상은 β계수에 따라 결정된다.

1. 증권특성선과 사후적 베타

시장모형을 이용함으로써 개별증권이나 포트폴리오의 위험특성을 파악할 수 있다. 시장모형은 증권의 위험특성을 추정하는데 이용된다. 즉 개별증권의 수익률을 시장포트폴리오의 수익률에 회귀시킴으로써 베타계수를 추정할 수 있다. 회귀식을 나타내면 식 (5)와 같다.

$$R_i = \alpha_i + \beta_i R_m + e_i \qquad (5)$$

R_i: i주식의 수익률 β_i: i주식의 베타

과거수익률을 이용하여 구한 기울기 값을 사후적 베타라고 하고 이렇게 베타를 추정하는 모형을 시장모형이라고 하며, 회귀식에서 도출된 직선을 증권특성선(security characteristic line: SCL)이라고 한다.

2. β 계수와 위험프리미엄

예제 8-2. 위험프리미엄의 측정

시장포트폴리오와 무위험증권으로 포트폴리오를 구성하려고 한다. 시장포트폴리오의 기대수익률과 β계수는 각각 20%와 1.0이고, 무위험증권의 수익률은 8%이다. 시장포트폴리오와 무위험증권에 대한 투자비율을 달리할 때 구성되는 포트폴리오의 기대수익률과 β계수를 계산하시오.

해설

1) 투자액의 25%를 시장포트폴리오에 투자하고 나머지를 무위험증권에 투자하는 경우 포트폴리오의 기대수익률과 β계수를 계산하면 다음과 같다.

$$E(r_p) = 0.25 \times E(r_M) + 0.75 \times r_f = 0.25 \times 20\% + 0.75 \times 8\% = 11\%$$
$$\beta_p = 0.25 \times \beta_M + 0.75 \times 0 = 0.25 \times 1.0 + 0.75 \times 0 = 0.25$$

2) 같은 방법으로 투자비율을 달리하여 구성한 각 포트폴리오의 기대수익률과 β계수를 계산하여 정리하면 다음과 같다.

시장포트폴리오에 대한 투자비율	기대수익률	β계수
0%	8%	0
25	11	0.25
50	14	0.50
75	17	0.75
100	20	1.00
150	26	1.50

[그림 8-1]은 〈예제 8-2〉에서 포트폴리오의 기대수익률과 β계수를 그림으로 나타낸 것이다. [그림 8-1]에서 보여주는 것처럼 기대수익률과 β계수의 사이에 선형관계가 존재한다. 여기서 직선의 기울기는 단위 위험당 프리미엄으로 다음과 같다.

$$\text{기울기} = \frac{E(r_M) - r_f}{\beta_M} = \frac{20\% - 8\%}{1.0} = 12\%$$

기울기가 12%라는 것은 β계수가 1일 때의 위험에 대한 보상이 12%라는 것을 의미한다.

그림 8-1. 포트폴리오의 기대수익률과 β계수의 관계

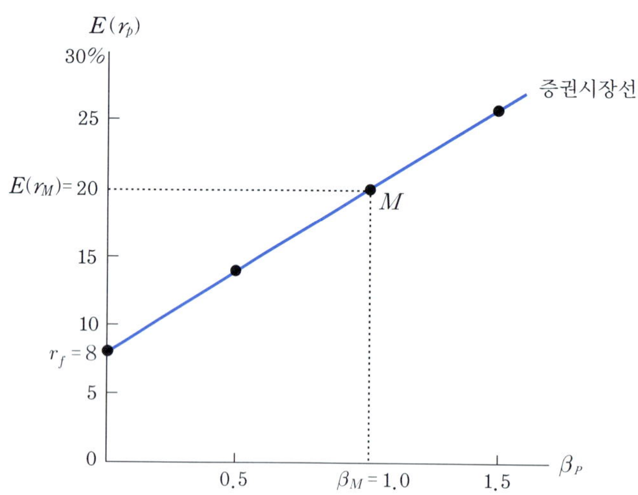

3. 증권시장선

포트폴리오를 구성하는 목적은 분산투자효과를 얻는데 있다. 시장포트폴리오를 구성하면 비체계적 위험을 완전히 제거시킬 수 있기 때문에 모든 투자자들은 시장포트폴리오에 투자하려고 한다. 이처럼 모든 투자자들이 시장포트폴리오에 투자한다는 것은 시장에서 무위험증권과 결합시킬 수 있는 유일한

포트폴리오가 바로 시장포트폴리오라는 것을 의미한다. 그러므로 모든 투자자들은 시장포트폴리오와 무위험증권에 대한 투자비율을 조절하여 효용을 극대화하는 최적 포트폴리오(optimal portfolio)를 구성한다.

모든 투자자들이 이와 같은 방법으로 최적 포트폴리오를 구성하는 경우 시장에서 포트폴리오와 개별증권의 기대수익률이 어떻게 결정되는가를 설명하는 모형이 바로 증권시장선(security market line: SML)이다. 개별증권이나 포트폴리오의 기대수익률과 체계적 위험의 관계를 설명하는 증권시장선에 의하면 균형시장에서 모든 증권이나 포트폴리오의 기대수익률은 체계적 위험에 따라 결정된다. [그림 8-1]에서 직선을 증권시장선이라고 부른다.

[그림 8-1]에서 보여주는 것처럼 시장포트폴리오의 β계수는 1.0이다.

$$\beta_M = \frac{COV(r_M, r_M)}{\sigma^2(r_M)} = \frac{\sigma^2(r_M)}{\sigma^2(r_M)} = 1.0$$

따라서 증권시장선의 기울기는 식 (6)와 같다.

$$SML\text{의 기울기} = \frac{E(r_M) - r_f}{\beta_M} = \frac{E(r_M) - r_f}{1.0} = E(r_M) - r_f \tag{6}$$

식 (6)에서 $[E(r_M) - r_f]$는 시장포트폴리오의 위험에 대한 보상으로 시장위험프리미엄이라고 한다. 그러므로 [그림 8-1]에서 보여주는 증권시장선은 기울기가 $[E(r_M) - r_f]$이고, 절편값이 r_f인 직선으로 식 (7)과 같다.

$$E(r_i) = r_f + \beta_i [E(r_M) - r_f] \tag{7}$$

식 (7)에서 보여주는 것처럼 개별증권이나 포트폴리오의 기대수익률은 체계적 위험에 따라 결정되며, 이것이 자본자산가격결정모형(capital assets pricing model: CAPM)의 핵심적인 내용이다.

제3절 증권시장선의 활용

증권시장선(SML)은 재무정책 결정에서 광범위하게 이용되고 있다. 예를 들면 금융자산의 가치평가, 자본예산 결정, 자본구조 결정과 투자성과의 평가 등에서 증권시장선이 활용되고 있다. 이 절에서는 증권시장선의 활용에 대하여 설명한다.

1. 금융자산의 가치평가

주식이나 채권의 경우 그 증권을 소유할 때 얻을 수 있는 미래 현금흐름을 자본비용으로 할인하여 내재가치를 추정한 다음 이를 시장가격과 비교함으로써 그 증권이 시장에서 공정하게 거래되고 있는 지를 평가할 수 있다. 여기서 말하는 자본비용은 증권시장선에서 결정되는 기대수익률을 의미한다.

그러나 증권시장선을 이용하여 자본비용을 추정하는 데는 한계가 있다. 왜냐하면 단일기간을 가정하여 증권시장선이 유도되었기 때문이다.

그러므로 증권시장선에서 결정되는 자본비용으로 매 기간의 현금흐름을 할인할 수 없다. 왜냐하면 체계적 위험이 시간의 경과에 따라 변동하기 때문이다.

따라서 체계적 위험이 일정하거나 일정한 율로 변동하는 경우에만 증권시장선을 이용하여 투자안의 할인율을 추정할 수 있음을 유념해야 한다.

2. 투자성과의 평가

개인이나 기관투자자들이 증권시장을 통하여 운용한 포트폴리오의 운용성과를 평가하거나 또는 기업이 실물자산의 운용을 통하여 얻어진 투자성과를 평가할 때에도 증권시장선을 이용할 수 있다.

이 경우 증권시장선을 이용하여 추정한 자본비용을 금융자산이나 실물자산에 대한 투자의 성공여부를 평가하는 기준으로 이용할 수 있다. 예를 들어 포트폴리오의 수익률이 증권시장선에서 결정되는 자본비용보다 크면 포트폴리오를 성공적으로 운용하였다고 평가할 수 있다.

마찬가지로 실물자산의 투자수익률이 증권시장선에서 결정되는 자본비용보다 크면 실물자산을 성공적으로 운용하였다고 평가할 수 있다.

3. 자본비용의 추정

증권시장선은 신규 투자안의 한계자본비용이나 기업의 가중평균자본비용을 추정하는데 이용된다. 주식을 발행하거나 회사채를 발행하여 자본을 조달하는 경우 기업이 부담해야 하는 자본비용이 회사채나 주식의 체계적 위험에 따라 결정되기 때문이다.

따라서 신규 자본을 회사채와 주식을 발행하여 조달한다면 증권시장선을 이용하여 회사채와 주식의 자본비용을 추정한 다음 이를 자본의 조달비율에 따라 가중평균함으로써 신규 투자안의 한계자본비용을 추정할 수 있다.

4. 자본예산 결정의 기준

투자안의 경제성 분석에서도 증권시장선이 의사결정의 기준으로 이용된다.

순현가법과 내부수익률법에서 설명한 것처럼 미래 현금흐름의 현재가치를 계산하는 할인율을 증권시장선을 이용하여 추정할 수 있기 때문이다.

순현가법에서는 미래 현금흐름을 증권시장선에서 결정되는 할인율로 할인한 현재가치가 투자비용보다 크면 경제성이 있다고 평가할 수 있으며, 내부수익률법에서는 투자안의 수익률이 증권시장선에서 결정되는 자본비용보다 크면 경제성이 있다고 평가할 수 있다.

요약

1. 개별증권의 위험은 체계적 위험과 비체계적 위험으로 구성된다.
   비체계적 위험은(unsystematic risk)을 분산가능위험이라 하며, 체계적 위험(systematic risk)을 분산불가능위험이라고 한다.
2. 비체계적 위험은 전체시장의 수익률 변동과 무관하게 기업의 고유한 환경요인에 따라 수익률이 변동하는 위험으로 분산투자를 통하여 제거시킬 수 있는 위험이다.
3. 체계적 위험은 시장 전체의 수익률이 변동함에 따라 영향을 받아 개별증권의 수익률이 변동하는 위험으로 분산투자를 통해서도 제거할 수 없는 위험이다.
4. 체계적 위험은 β계수를 이용하여 추정할 수 있다.
   개별증권의 β계수는 시장포트폴리오와의 공분산을 시장포트폴리오의 분산으로 나누어 계산한다.
5. 시장포트폴리오는 시장에서 거래되는 모든 증권을 시장가치비율에 따라 구성하는 포트폴리오를 말한다.
6. 과거수익률을 이용하여 구한 기울기 값을 사후적 베타라고 하고 이렇게 베타를 추정하는 모형을 시장모형이라고 하며, 회귀식에서 도출된 직선을 증권특성선(security characteristic line: SCL)이라고 한다.
7. 포트폴리오와 개별증권의 기대수익률이 어떻게 결정되는가를 설명하는 모형이 바로 증권시장선(security market line: SML)이다.

연습문제

OX 문제

1. 증권시장선은 모든 위험자산을 대상으로 하고, 자본시장선은 효율적 포트폴리오만을 대상으로 한다.
2. 자본시장선상에 있는 모든 포트폴리오는 체계적 위험만 존재하는 자산이고 증권시장선상에 존재하는 모든 위험자산들은 비체계적 위험이 존재하는 총위험을 가진 자산들이다.
3. 자본시장선은 효율적 투자여부를 평가하지만 개별주식의 균형 여부는 확인할 수 없다. 그러나 증권시장선은 개별주식 또는 포트폴리오의 균형수익률을 측정하며 총위험이 아닌 체계적 위험(베타)만을 고려한다.
4. 개별주식의 기대수익률이 균형수익률보다 큰 경우 향후 주식매수로 주가는 상승하고 기대수익률은 하락한다. 반대로 기대수익률이 균형수익률보다 작은 경우 주식매도로 주가는 하락하고 기대수익률은 상승한다.

단답형

1. (　　　　　　)은 전체시장의 수익률 변동과 무관하게 기업의 고유한 환경요인에 따라 수익률이 변동하는 위험으로 분산투자를 통하여 제거시킬 수 있는 위험이다.
2. (　　　　　　)은 시장 전체의 수익률이 변동함에 따라 영향을 받아 개별증권의 수익률이 변동하는 위험으로 분산투자를 통해서도 제거할 수 없는 위험이다.
3. 개별증권의 (　　　　　　)는 시장포트폴리오와의 공분산을 시장포트폴리오의 분산으로 나누어 계산한다.
4. (　　　　　　)는 시장에서 거래되는 모든 증권을 시장가치비율에 따라 구성하는 포트폴리오를 말한다.

5. 과거수익률을 이용하여 구한 기울기 값을 사후적 베타라고 하고 이렇게 베타를 추정하는 모형을 시장모형이라고 하며, 회귀식에서 도출된 직선을 (   )이라고 한다.
6. 포트폴리오와 개별증권의 기대수익률이 어떻게 결정되는가를 설명하는 모형이 바로 (   )이다.

주관식

1. 100개의 주식에 동일한 비율로 투자하여 포트폴리오를 구성하려 한다. 그 중 50개의 주식에 동일한 비율로 투자할 때 구성되는 포트폴리오의 β계수는 1.5이고, 나머지 50개의 주식으로 구성되는 포트폴리오의 β계수는 0.6이다.
   100개로 구성되는 포트폴리오의 β계수는는 얼마인가?

2. β계수가 각각 0.5, 1.7, 1.5와 1.1인 증권 A, B, C와 D에 각각 투자액의 25%, 20%, 25%와 30%씩을 투자할 때 구성되는 포트폴리오의 β계수를 구하시오.

3. 증권 X의 β계수는 1.3이고, 시장위험프리미엄과 무위험수익률이 각각 10%와 5%이다.
   증권 X의 기대수익률을 구하시오.

4. 무위험수익률과 시장위험프리미엄이 각각 7.5%와 5.5%이며, 증권 X와 Y의 β계수는 1.4와 0.75이고, 두 증권의 예상수익률은 각각 16%와 10%이다.
   이들 증권이 시장에서 공정하게 평가되고 있는지를 설명하시오.

제 9 장

자본비용

제 9 장
자본비용

제1절 자본비용의 측정

자본비용은 자본을 사용하는 대가로 기업이 부담해야 하는 금융비용을 말하며, 자본비용을 추정하기 위해서는 자본시장에서 투자자들이 어느 정도의 수익률을 요구하고 있는가를 파악해야 한다.

1. 자본비용의 의미

자본비용은 기업이 부채나 자기자본을 통하여 자금을 조달할 때 부담해야 하는 금융비용을 말한다. 그러나 채권자나 주주의 입장에서 보면 자본비용은 요구수익률(required rate of return)을 의미한다.

요구수익률은 자본시장에서 투자자들이 기업에 자본을 제공할 때 요구하는 수익률을 의미하며, 자본비용은 기업이 자본을 조달할 때 부담해야 하는 금융비용을 의미한다. 한편 자본비용은 투자자들의 요구를 충족시키기 위하여 기업이 벌어들여야 하는 최소한의 수익률을 의미한다. 따라서 자본비용을 최저필수수익률(minimum required rate of return)이라고도 한다.

최저필수수익률은 현재의 기업가치를 그대로 유지하기 위하여 총자본 또는 신규자본의 운용을 통하여 벌어들여야 하는 최소한의 수익률을 말한다.

2. 자기자본비용

자본비용은 기업이 자본을 조달할 때 부담해야 하는 금융비용으로 조달한 총자본 또는 신규자본의 운용을 통하여 벌어들여야 하는 최소한의 수익률을 의미한다. 예를 들어 부채비용과 자기자본비용을 자본의 구성비율에 의해 가중평균하여 자본비용을 추정할 수 있는데, 이를 가중평균자본비용(weighted average cost of capital)이라고 한다.

자기자본비용(cost of equity)은 기업이 보통주를 발행하여 자금을 조달할 때 부담해야 하는 금융비용으로 자본시장에서 투자자들이 그 기업의 보통주에 투자할 때 요구하는 수익률을 의미한다. 그러나 부채비용과 달리 자기자본비용은 시장에서 직접 관찰할 수 없기 때문에 추정하기가 쉽지 않다.

배당성장률모형과 증권시장선을 이용하여 자기자본비용을 추정하는 방법을 살펴보자.

1) 배당성장률모형

배당성장률모형은 보통주의 가치를 평가하는데 이용되는 모형으로 배당의 성장률에 대한 가정에 따라 여러 가지 형태의 모형이 있다. 그 중의 하나인 정률성장모형(constant growth model)은 미래의 배당이 일정한 비율로 영구히 성장한다는 가정에서 미래의 배당흐름을 자기자본비용으로 할인하여 보통주의 가치를 평가하는데 이용되는 모형으로 식 (1)과 같다.

$$P_0 = \frac{D_0(1+g)}{k_s - g} \tag{1}$$

P_0: 주가　　　　D_0: 현재의 주당배당금
g : 배당의 성장률　　　　k_s: 자기자본비용

식 (1)을 k_s에 대하여 정리하면 식 (2)와 같다.

$$k_s = \frac{D_0(1+g)}{P_0} + g \qquad (2)$$

식 (2)에서 k_s는 주주들이 요구하는 수익률로 자기자본비용을 의미한다. 정률성장모형을 이용하여 자기자본비용을 추정하기 위해서는 현재의 주당배당금(D_0), 주가(P_0)와 배당성장률(g)에 대한 정보가 필요하다.

정률성장모형은 단순할 뿐만 아니라 이용하기가 쉽다는 장점이 있으나 다음과 같은 몇 가지 현실적인 문제점이 있다.

첫째, 정률성장모형은 실제로 배당을 지급하고 있는 기업에만 적용할 수 있다. 따라서 배당을 지급하지 않는 기업에는 적용하기 어렵다.

둘째, 배당을 지급하더라도 배당금이 향후 영구적으로 일정한 비율로 성장한다는 가정에 근거를 두고 있다. 이와 같은 가정을 충족시키는 경우는 거의 드물기 때문에 적용에 한계가 있다는 현실적인 문제가 있다.

셋째, 배당성장률의 추정이 자기자본비용에 크게 영향을 미친다. 식 (2)에서 볼 수 있는 것처럼 배당성장률의 추정치가 1% 포인트의 오차를 갖는 경우 자기자본비용도 1% 포인트의 오차를 갖는다.

마지막으로 정률성장모형에서는 위험을 고려하지 않고 있다.

예제 9-1. 자기자본비용의 추정

인천(주)는 지난해에 주당 1,000원을 배당으로 지급하였으며, 주당배당금은 향후 영구적으로 매년 6%씩 성장할 것으로 기대되며, 주가는 50,000원이다. 자기자본비용을 추정하시오.

해설

정률성장모형을 이용하여 자기자본비용을 추정하면 다음과 같다.

$$k_s = \frac{D_0(1+g)}{P_0} + g = \frac{1{,}000(1+0.06)}{50{,}000} + 0.06 = 0.0812 \rightarrow k_s = 8.12\%$$

2) 증권시장선

증권시장선을 이용하여 자기자본비용을 추정하기 위해서는 무위험수익률(r_f), 시장위험프리미엄[$E(r_M)-r_f$]과 체계적 위험의 척도인 β계수에 대한 정보가 필요하다. 증권시장선에 의하면 자기자본비용은 식 (3)과 같다.

$$k_s = r_f + \beta_s [E(r_M) - r_f] \tag{3}$$

β_s: 보통주의 β계수 추정치

예제 9-2. 자기자본비용의 추정

서울(주)는 지난해에 주당 2,000원을 배당으로 지급하였으며, 주당배당금은 향후 영구적으로 매년 8%씩 성장할 것으로 기대된다. 주가는 50,000원이며, β계수는 1.2이고, 시장위험프리미엄과 무위험수익률은 각각 8%와 3%이다. 정률성장모형과 증권시장선을 이용하여 자기자본비용을 추정하시오.

해설

1) 정률성장모형을 이용하여 자기자본비용을 추정하면 다음과 같다.

$$k_s = \frac{2,000(1+0.08)}{50,000} + 0.08 \equiv 0.1232 \rightarrow k_s = 12.32\%$$

2) 증권시장선을 이용하여 자기자본비용을 추정하면 다음과 같다.

$$k_s = 3\% + 1.2 \times 8\% = 12.6\%$$

3) 두 모형을 이용하여 추정한 자기자본비용이 서로 다른 이유는 모형에서 설정하고 있는 가정이 다르기 때문이다.

증권시장선을 이용하여 자기자본비용을 추정하는 장점으로 다음과 같은 두 가지가 있다. 첫째, 위험을 명확하게 반영시킬 수 있고, 둘째, 배당성장률이 일정하지 않거나 배당을 지급하지 않는 기업에도 적용할 수 있다. 그러나 다음과 같은 결점도 있다. 첫째, 시장위험프리미엄과 β계수를 추정해야 하는데,

β계수의 추정오차가 클수록 자기자본비용의 추정오차가 커진다. 둘째, 배당성장률모형에서와 같이 증권시장선을 이용할 때도 과거의 역사적인 자료에 근거하여 증권시장선의 모수를 추정해야 한다. 그러나 기업환경이 급격하게 변할수록 체계적 위험 또한 변하기 때문에 미래를 예측하는데 있어 과거가 좋은 지침이 될 수 있는 것은 아니다.

3. 부채비용

투자자금은 자기자본 이외에 부채나 우선주를 통해서 조달되기도 한다. 부채비용이나 우선주비용은 자기자본비용보다 쉽게 추정할 수 있다. 부채비용(cost of debt)은 부채로 자금을 조달할 때 부담해야 하는 금융비용으로 채권자들이 신규부채에 투자할 때 요구하는 수익률을 의미한다. 자기자본의 β계수를 이용하여 자기자본비용을 추정했던 것처럼 부채의 β계수를 이용하여 부채비용을 추정할 수도 있다. 그러나 부채비용을 쉽게 추정할 수 있는 방법이 있다. 부채로 자금을 차입할 때 부담해야 하는 이자율을 금융시장에서 직·간접적으로 관찰할 수 있기 때문이다.

예를 들어 기업에서 발행한 부채가 시장에서 거래되고 있다면 만기수익률은 투자자들이 시장에서 요구하는 수익률을 의미한다. 따라서 신규채권의 등급이 결정되면 해당등급의 만기수익률을 요구수익률로 이용할 수 있다. 부채의 만기수익률은 식 (4)의 조건을 충족시키는 할인율로 내부수익률을 의미한다.

$$P_0 = \frac{I_1}{(1+k_d)} + \frac{I_2}{(1+k_d)^2} + \cdots + \frac{I_n}{(1+k_d)^n} + \frac{F}{(1+k_d)^n} \qquad (4)$$

P_0: 부채조달액 I_t: t기의 지급이자
k_d: 부채비용(만기수익률) F: 부채의 원금

그러나 법인세가 존재하는 경우에는 지급이자가 비용으로 처리되어 법인세 절감효과를 얻을 수 있기 때문에 세후기준으로 부채비용을 추정해야 한다. 세후부채비용은 식 (5)와 같다.

$$k_d^* = k_d(1 - t_c) \qquad (5)$$

예를 들어 부채비용이 5%이고, 법인세율이 20%라면 세후부채비용은 4%이다.

$$k_d^* = 5\%(1 - 0.2) = 4\%$$

한편 기업이 여러 종류의 부채를 발행하여 자금을 조달하는 경우에도 각각의 부채비용을 부채의 시장가치 비율에 따라 가중평균하여 부채비용을 추정할 수 있다.

예제 9-3. 부채비용의 추정

서울(주)는 만기수익률이 각각 4%와 5%인 담보부사채와 무담보부사채를 발행하여 각각 5,000만원과 1억 5,000만원을 조달하며, 법인세율은 20%이다. 세후부채비용을 계산하시오.

해설

세후부채비용을 계산하면 다음과 같다.

$$k_d^* = 4\%(1-0.2)\frac{5,000}{20,000} + 5\%(1-0.2)\frac{15,000}{20,000} = 3.8\%$$

따라서 담보부사채와 무담보부사채로 각각 5,000만원과 1억5,000만원을 조달한다면 총부채 2억원에 대하여 세후 기준으로 3.8%의 금융비용을 부담해야 한다.

제2절 가중평균자본비용

기업이 조달한 총자본에 대하여 부담해야 하는 금융비용인 가중평균자본비용에 대하여 살펴보자.

1. 가중평균자본비용

가중평균자본비용은 기업이 조달한 총자본에 대하여 부담해야 하는 금융비용을 의미한다. 식 (6)에서 보여주는 것처럼 부채비용과 자기자본비용을 부채와 자기자본의 시장가치비율에 따라 가중평균하여 가중평균자본비용을 추정할 수 있다.

$$k_o = k_s \frac{S}{V} + k_d(1 - t_c)\frac{D}{V} \tag{6}$$

k_o: 가중평균자본비용　　k_s: 자기자본비용
k_d: 부채비용　　t_c: 법인세율
S: 자기자본의 시장가치　　D: 부채의 시장가치
V: 기업가치($S+D$)

가중평균자본비용을 흔히 분기점 수익률이라고도 부른다. 왜냐하면 기업이 투자한 총자본으로부터 가중평균자본비용보다 높은 수익률을 벌어들이면 기업가치가 상승하지만 반대로 낮은 수익률을 벌어들이면 기업가치가 하락하기 때문이다. 따라서 가중평균자본비용은 현재의 기업가치를 그대로 유지하기 위하여 기업이 총자본으로부터 벌어들여야 하는 최소한의 수익률로 최저필수수익률(minimum required rate of return)을 의미한다.

한편 기업의 영업위험이 일정하다면 가중평균자본비용이 최소화되는 자본구조를 선택하여 기업가치를 극대화시킬 수 있기 때문에 가중평균자본비용은 자본구조의 선택에서 의사결정의 기준으로 이용된다.

2. 가중평균자본비용의 추정

부채비용을 측정할 때는 다음의 세 가지 점을 고려해야 한다.

첫째, 명시적 비용을 갖는 부채만을 대상으로 하여 자본비용과 가중치를 측정해야 한다. 명시적 비용은 시장에서 관찰할 수 있는 부채의 만기수익률을 의미하며, 암시적 비용은 재무위험의 증가에 따라 추가로 부담해야 하는

간접적인 비용으로 주주들이 부담해야 하는 비용을 말한다.

매입채무와 미지급금 등은 명시적 비용이 없는 부채이다. 기업이 이러한 부채를 통하여 자금을 조달하게 되면 재무위험이 증가하게 되고, 증가된 재무위험은 주주들이 부담해야 하는 위험이기 때문에 자기자본비용이 상승하게 된다.

이처럼 명시적 비용이 없는 부채를 사용할 때 주주들이 부담해야 하는 암시적 비용은 결국 자기자본비용에 반영되기 때문에 가중평균자본비용을 계산할 때는 명시적 비용을 갖는 부채만을 대상으로 하여 자본비용과 가중치를 측정해야 한다.

둘째, 세후 기준으로 부채비용을 추정해야 한다. 기업이 부채를 이용함으로써 발생되는 지급이자는 비용으로 처리되기 때문에 법인세절감효과를 얻을 수 있다. 따라서 기업이 실제로 부담해야 하는 세후부채비용(k_d^*)은 식 (7)과 같다.

$$k_d^* = k_d(1 - t_c) \tag{7}$$

예를 들어 법인세율이 20%인 기업에서 4%의 부채비용으로 자금을 조달한다면 기업이 실제로 부담해야 하는 금융비용은 3.2%가 된다.

$$k_d^* = 4\%(1 - 0.2) = 3.2\%$$

한편 배당은 세후순이익의 일부로 지급되기 때문에 자기자본비용을 세후기준으로 조정할 필요가 없다.

셋째, 시장가치를 이용하여 가중치를 측정해야 한다. 자본비용은 현재의 시점에서 자금을 조달할 때 기업이 부담해야 하는 금융비용을 의미하기 때문에 현재의 시장가치를 이용하여 가중치를 측정해야 한다. 부채와 자기자본의 장부가치는 과거의 역사적인 가치를 의미하기 때문에 역사적인 가치에 근거하여 가중치를 측정해서는 안 된다.

회사채와 보통주가 시장에서 거래되고 있다면 시장자료를 이용하여 부채와 자기자본의 시장가치를 추정할 수 있다. 주당 시장가격에 발행주식수를 곱하여 자기자본을 계산할 수 있기 때문이다. 예를 들어 부채와 자기자본의 시장 가치가 각각 400억원과 600억원이라면 부채와 자기자본의 가중치는 각각 40%와 60%가 된다.

예제 9-4. 가중평균자본비용의 추정

우주(주)의 재무상태표(시가기준)는 다음과 같다. 비유동부채의 액면이자율과 만기수익률이 각각 4%와 5%이며, 법인세율과 자기자본비용은 각각 20%와 10%이다. 가중평균자본비용을 계산하시오.

구 분	금 액	구 분	금 액
현금	250백만원	매입채무	100백만원
재고자산	150	장기부채	400
비유동자산	700	자기자본	600
총자산	1,100	총자본	1,100

해설

1) 매입채무는 명시적 비용을 갖지 않는 부채이지만 매입채무가 증가함에 따라 발생하는 암시적 비용이 자기자본비용에 반영되기 때문에 가중치를 측정할 때 매입채무는 제외시켜야 한다. 이 경우 비유동부채와 자기자본의 가치가 각각 4억원과 6억원이므로 부채와 자기자본의 가중치를 계산하면 다음과 같다.

$$\text{부채의 비중} = \frac{4}{10} = 0.4$$

$$\text{자기자본의 비중} = \frac{6}{10} = 0.6$$

한편 법인세율이 20%이기 때문에 세후부채비용을 계산하면 다음과 같다.

$$\text{세후 부채비용} = k_d(1-t_c) = 5\%(1-0.2) = 4\%$$

2) 자기자본비용이 10%이고, 세후부채비용이 4%이며, 부채와 자기자본의 가중치가 각각 40%와 60%이므로 가중평균자본비용을 계산하면 다음과 같다.

$$k_o = k_s\frac{S}{V} + k_d(1-t_c)\frac{D}{V} = 10\% \times 0.6 + 5\%(1-0.2) \times 0.4 = 7.6\%$$

요약

1. 자본비용은 자본제공자에게 지급하는 자본사용 대가(보상)를 말하며, 연간 비율 개념으로서 지급비용/자본조달액의 비율로 표시한다.
2. 자기자본비용을 계산하는 방법으로는 크게 배당성장률모형을 이용하는 방법과 증권시장선을 이용하는 방법이 있다.
3. 부채비용은 타인자본을 사용하는데 있어서 자금사용에 대한 대가로 채권자들에게 지불되는 비용으로, 세전기준과 세후부채비용으로 구분된다.
4. 통상 기업의 가중평균자본비용을 자본비용으로 사용하며, 가중평균자본비용은 원천별 자본비용을 자본구성비율로 가중평균한 값으로 계산한다.

연습문제

OX 문제

1. 자기자본비용은 자기자본을 사용하는데 있어서 자금사용에 대한 대가로 세전기준과 세후기준비용으로 구분된다.
2. 가중평균자본비용은 원천별 자본비용을 자본구성비율로 가중평균한 값이며, 자본구성비율은 장부가치를 대상으로 측정한다.

객관식

1. 다음 중 자본비용의 개념을 적절하게 설명한 것이 아닌 것은?
   ① 기업의 청구권자들이 요구하는 최소의 기대수익률이다.
   ② 기업의 총자본비용은 자본조달 원천별 자본비용을 가중평균하여 구할 수 있다.
   ③ 요구수익률과 동일한 의미를 갖는다.
   ④ 같은 기업의 각 사업부는 서로 다른 자본비용을 가질 수 없다.

2. 부채비용에 관한 설명으로 옳지 않은 것은?
   ① 일반적으로 자기자본비용보다 계산하기 쉽다.
   ② 세후부채비용은 세전비용에 (1-법인세율)을 곱하여 구한다.
   ③ 금융시장에서 직접 또는 간접적으로 관찰할 수 있다.
   ④ 부채를 제공하는 채권자들이 요구하는 수익률에 기초하여 계산된다.

3. 자기자본비용에 대한 설명으로 옳지 않은 것은?
   ① 기업이 조달한 자기자본에 대하여 얻어져야 하는 최소요구수익률이다.
   ② 자기자본비용은 일반적으로 배당성장률모형 또는 증권시장선을 이용하여 계산한다.

③ 자기자본의 청구권자들이 기대하는 최소의 대가이므로 대개 이자비용보다 낮다.
④ 자기자본에 대하여 자기자본비용 이상의 기대수익률이 얻어질 것으로 예상되면 자기자본의 시장가치는 상승한다.

4. 자기자본의 시장가치는 300억원이고 기업가치는 500억원이다. 자기자본비용이 12%이고 부채에 대하여 매기 16억원의 이자를 지급하여야 한다. 이 회사의 법인세율이 25%일 때, 가중평균자본비용은 어느 정도인가?(부채와 자기자본만으로 자본을 조달한 회사)
① 5.6%
② 8%
③ 9.6%
④ 10.4%

주관식

1. 전주(주)는 지난해에 주당 2,000원의 배당을 지급하였으며, 주당 배당금은 매년 10%씩 성장하고, 보통주의 β계수는 0.75이며, 무위험수익률과 시장위험프리미엄이 각각 7%와 8%이다.
   1) 증권시장선을 이용하여 자기자본비용을 구하시오.
   2) 보통주의 가치를 계산하시오.

2. 부산(주)에서 발행한 만기가 20년인 채권이 시장에서 액면가의 1.04배에서 거래되고 있으며, 액면이자율이 8%이고, 법인세율은 20%이다.
   1) 세전 부채비용은 얼마인가?
   2) 세후 부채비용을 계산하시오.

3. 부산(주)의 가중평균자본비용은 12%이고, 자기자본비용과 부채비용이 각각 15%와 8%이다.
   부채구성비율을 구하시오.

4. 상도(주)는 지난해 말에 주당 900원을 배당으로 지급하였으며, 배당은 향후 영구적으로 8%씩 성장하고, 상도(주)가 시장에서 주당 35,000원에서 거래되고, 부채구성비율은 50%이다. 한편 무위험수익률은 5%이고, 상도(주)의 β계수와 시장위험프리미엄은 각각 0.9와 7%이다.

1) 정률성장모형과 증권시장선을 이용하여 자기자본비용을 추정하시오.
2) 부채비용과 법인세율은 각각 7%와 40%이다. 증권시장선을 이용하여 가중평균자본비용을 계산하시오.

5. 대구(주)의 자본구조는 다음과 같으며, 법인세율은 20%이고, 보증사채와 무보증사채의 만기는 각각 10년과 12년이며, 매년 말에 이자를 지급한다. 한편 대구(주)에서는 전년도에 주당 5,000원의 배당을 지급하였으며, 주당 배당금이 매년 10%씩 영구히 성장한다.

구 분	액면가	액면이자율	액면금액	시장가격
보증사채	10,000원	10%	250백만원	250백만원
무보증사채	10,000원	11%	500	469
보통주	10,000원		1,250	5,000

1) 부채비용은?
2) 정률성장모형을 이용하여 자기자본비용을 추정하시오.
3) 가중평균자본비용은?

제 10 장
자본구조

제 10 장
자본구조

제1절 자본구조의 의의

1. 자본구조의 의미

자본구조(capital structure)에 관한 이론은 기업에서의 자기자본(equity)과 타인자본(debt), 즉 부채가 어떠한 비율로 기업의 전체 자본을 구성해야 하는가를 논의하는 재무이론의 분야이다.

기업의 자본구조는 일반적으로 다음과 같이 부채비율(debt to equity ratio)에 의해 측정된다.

$$\text{부채비율} = \text{총부채}/\text{자기자본} \qquad (1)$$

부채비율은 기업이 부채에 비해서 자기자본을 얼마나 보유하고 있는지, 즉 부채를 자기자본의 몇 배만큼 사용하고 있는가를 나타내며, 이 부채비율이 높으면 기업의 총자산 중에서 부채로 조달된 부분이 그만큼 높다는 것을 나타낸다.

2. 자본구조와 기업가치

자본구조이론이 재무이론에서 중요한 부분의 하나를 차지하고 있는 이유는 자본구조가 변함에 따라 개별 자본비용이 달라지게 되고 이에 따라 동일한 영업을 하는 기업이라도 자본구조의 차이에 따라 재무위험이 달라져 기업가치가 달라질 수 있게 되기 때문이다. 만약 기업에서 투자의사결정과는 독립적으로 재무의사결정만으로 기업가치를 변하게 할 수 있다면 기업의 자본구조는 자본시장과 경제구조의 결정에 중요한 요인이 될 수 있을 것이다.

대체로 부채이용으로 주주들의 투자수익률이 증가할 수 있으나 부채이용이 항상 좋은 것만은 아니다. 부채를 많이 이용하게 되면 이에 따라 재무위험이 증가하게 된다. 재무위험(financial risk)이란 부채의 사용으로 자기자본 수익률의 변동성이 증가하고 기업의 파산가능성이 증가하는 위험을 말한다. 특히 영업이익이 고정적으로 지급해야하는 이자비용을 감당하지 못할 정도로 부채비율이 늘어나게 되면 결국 그 회사는 파산의 위험에 당면하게 되어 엄청난 파산비용을 지불해야만 될 것이다. 따라서 정부에서는 국내 기업들이 일정한 부채비율을 넘지 않도록 권장하는 가이드라인을 제시하고 있다.

자본구조이론은 기업가치를 극대화하는 최적자본구조가 존재할 수 있는가를 주요 주제로 삼는다. 즉, 자본구조에서 부채의 비율이 늘어나게 되면 그것이 기업가치에 어떤 영향을 미치게 될 것인가를 설명하고자 하는 것이 전통적인 자본구조이론인 것이다. 1958년 모디글리아니와 밀러(Modigliani & Miller: MM)가 자본구조 무관련이론을 주장한 이래, 기업의 자본구조결정은 재무관리이론의 중요한 주제로 다루어져 왔다. MM 이론에 의하면 완전자본시장 하에서 기업이 어떤 자본구조를 선택한다 하더라도 그것은 기업가치와 무관하다는 것이다. 따라서 완전자본시장의 가정 하에서 기업가치를 극대화할 수 있는 최적자본구조가 존재할 수 없다는 것이 그들의 주장이다. 그러나 그들의 주장은 현실적인 설명력이 떨어진다고 할 수 있다. 이에 MM 이후의 이론들은 MM이론의 비현실적인 가정을 완화하고 현실적인 문제를 반영하는 새로운 이론들이 많이 등장하게 되었다.

오늘날의 자본구조이론은 법인세, 재무적 곤경의 비용, 대리인비용, 정보비대칭, 개인소득세 등과 같은 여러 가지 현실적 요인을 고려하게 되었으며, 그 결과 최적자본구조가 존재할 수 있다는 결론에 접근하게 되었다. 기업가치와 자본비용을 결정하는 자본구조이론은 MM이후 오랜 시간이 지난 지금까지도 현실을 적절하고 완벽하게 설명하는 통합이론의 정립이 완결되지 않고 있는 상황이며 MM이론은 자본구조에 관한 매우 중요한 이론 중의 하나로 그 위치를 차지하고 있다.

제2절 MM 의 자본구조이론

1. MM의 자본구조이론 : 세금이 없는 경우

최적자본구조란 기업가치를 극대화하는 자본구조를 의미한다. 즉 기업이 자기자본과 부채를 어떠한 비율로 유지할 때 기업의 가치가 극대화되느냐의 주제인 동시에 자본조달 방법이라는 재무의사결정이 근본적으로 가치를 창조할 수 있겠느냐 하는 의미이기도 하다.

모디글리아니와 밀러는 법인세와 개인소득세 등이 없는 완전자본시장의 가정 하에서 기업가치 및 주주의 부는 기업의 자본구조와 무관하다고 주장하였다. MM의 주장은 흔히 자본구조 무관련이론(capital structure irrelevancy)이라고 한다.

MM의 자본구조이론은 다음의 세 가지 명제로 구성되어 있다. 명제1은 다음과 같다.

명제 1

> 기업가치는 자본구조와 무관하며, 미래의 영업이익을 영업위험에 따라 결정되는 위험조정할인율로 할인한 것과 같다.
> 따라서 동일한 영업을 하는데 자기자본만을 사용하는 기업과 부채를 사용하는 기업은 동일한 기업가치를 갖는다. ($V_L = V_U$)

명제 2는 명제1의 결과로 얻어지게 된다. 즉 MM의 두 번째 명제는 자기자본비용이 부채비율의 증가함수라는 것이다. 만일 어떤 회사가 전혀 부채를 사용하고 있지 않다면 그 회사의 주주들이 요구하는 기대수익률은 기업 자산 전체로부터 얻어져야 할 총자본비용과 같을 것이다. 그러나 그 회사가 부채를 사용하게 되면 주주들은 재무위험을 부담하게 된다.

따라서 기업의 부채비율이 증가할수록 주주들이 부담하는 재무위험이 증가하므로 그들이 요구하는 최소의 기대수익률인 자기자본비용도 증가한다. 명제2는 다음과 같다.

명제 2

> 부채를 사용하는 기업의 자기자본비용은 부채비율(D/S)에 따라 비례적으로 상승(증가)한다.
> 그러나 부채비율의 증가에 따른 자기자본비용의 상승효과는 주당순이익의 증가효과와 완전히 상쇄된다.

명제 3은 "투자결정과 자본조달결정의 분리정리"에 대한 명제이다. 투자결정과 자본조달결정의 분리정리에 의하면 신규투자자금의 조달방법이 신규투자에 영향을 미치지 않는다. 왜냐하면 신규투자자금의 조달방법이 신규투자안의 거부율인 가중평균자본비용(최저필수수익률)에 영향을 미치지 않기 때문이다. 따라서 NPV법에서는 신규투자로부터 얻을 수 있는 미래의 현금흐름을 신규투자안의 영업위험이 반영된 위험조정할인율로 할인하여 경제성을 분석할 수 있으며, 한편 IRR법에서는 신규투자안의 내부수익률과 위험조정할인율을 비교하여 경제성을 분석할 수 있다.

명제 3

> 신규투자안의 거부율(cut-off rate)-최저필수수익률은 투자자금의 조달방법과 무관하게 영업위험에 의해서 결정된다.

이상에서 설명한 MM의 세 가지 명제를 그림으로 나타내면 [그림 10-1]와 같다. 무위험부채로 자금을 조달한다고 가정하였기 때문에 부채비용은 부채비율과 관계없이 일정하고 자기자본비용은 부채비율이 증가함에 따라 $(k_o^* - k_d)$만큼씩 상승하게 된다. 그런데 자기자본비용이 주당순이익의 증가효과를 정확하게 상쇄하는 수준까지 상승하기 때문에 가중평균자본비용(k_o)이 자본구조와 무관하게 부채비율이 0%일 때의 자기자본비용(k_o^*)과 언제나 일치한다.

그림 10-1. **MM의 자본구조이론**

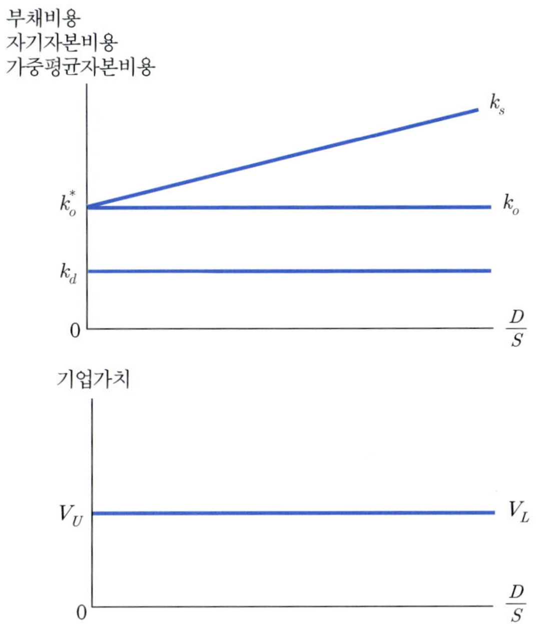

2. MM의 자본구조이론 : 세금이 있는 경우

모디글리아니와 밀러(1963)은 "자본구조 무관련이론"을 수정한 논문에서 법인세율이 자본구조의 선택에 영향을 미친다고 주장하였다. 법인세를 고려하면 기업이 부채로 자금을 조달하여 자본구조를 수정하는 경우 지급이자를 비용으로 처리할 수 있기 때문에 법인세절감효과(tax shield effect)를 얻을 수 있기 때문이다. 법인세절감효과는 비용공제성 자금이나 자산을 이용하는 경우 지급이자나 감가상각비 등을 비용으로 처리함으로써 법인세액을 절감시키는 만큼 잉여현금흐름이 증가하기 때문에 기업가치가 상승하는 효과를 말한다.

이와 같이 법인세가 존재하는 불완전시장에서 기업이 부채로 자금을 조달하여 자본구조를 수정하면 법인세절감효과를 얻을 수 있기 때문에 법인세율이 자본구조의 선택에 영향을 미친다.

따라서 MM의 명제는 다음과 같이 수정되어야 한다.

법인세를 감안한다면 MM의 [명제 1]은 부채를 사용하는 기업의 가치는 자기자본만을 사용하는 기업의 가치에 부채의 세금절감효과의 현재가치를 합한 것과 같다.

$$V_L = V_U + t_c D \quad (2)$$

V_L: 부채를 사용하는 경우의 기업가치
V_U: 부채를 사용하지 않는 경우의 기업가치
$t_c D$: 미래 법인세절감액의 현재가치

식 (2)에서 볼 수 있는 것처럼 부채로 자금을 조달하여 자본구조를 수정하면 법인세절감효과를 얻을 수 있기 때문에 기업가치가 미래 법인세절감액의 현재가치만큼 상승한다.

한편 법인세를 고려하는 경우 [명제 2]는 자기자본비용이 부채비율이 증가함에 따라 $(k_o^* - k_d)$만큼씩 상승하는데, 이 경우 주당순이익의 증가효과를 완전히 상쇄시키기 때문에 자본구조의 수정이 가중평균자본비용에 영향을 미치지 않는다. 그러나 법인세가 존재하는 불완전시장에서는 부채비율이 증가함에 따라 자기자본비용이 $(k_o^* - k_d)(1 - t_c)$만큼씩 상승하기 때문에 주당순이익의 증가효과를 충분히 상쇄하지 못한다. 따라서 법인세를 감안한다면 기업이 부채로 자금을 조달하여 보통주를 재매입하는 경우 주당순이익의 증가효과가 자기자본비용의 상승효과보다 크게 나타나기 때문에 가중평균자본비용이 감소하는 것이다.

한편 법인세를 고려하는 경우 MM의 [명제 3]은 부채구성비율이 증가함에 따라 신규투자안의 거부율인 가중평균자본비용이 k_o^*에서 $k_o^* t_c$만큼씩 감소한다.

이처럼 가중평균자본비용이 감소하는 이유는 부채의 사용에 따라 법인세절감효과를 얻을 수 있는데 기인한다.

법인세절감효과가 가중평균자본비용과 자기자본비용에 미치는 영향을 그림으로 나타내면 [그림 10-2]와 같다.

그림 10-2. **법인세절감효과와 가중평균자본비용의 관계**

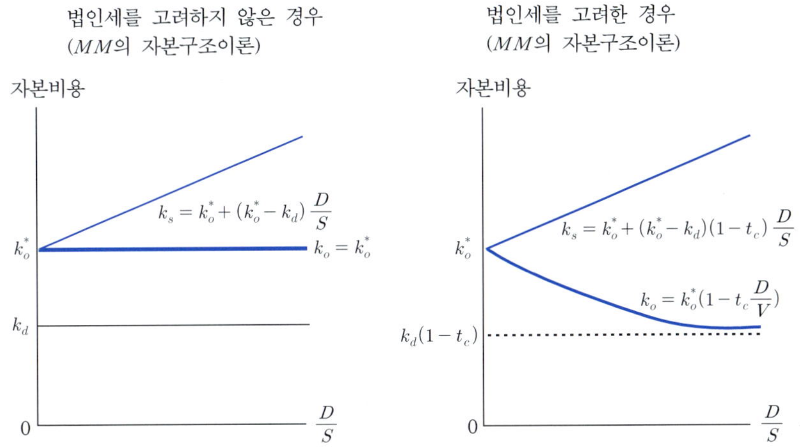

제3절 현실적 요인을 고려한 자본구조이론

MM의 자본구조이론에 대한 비판은 시장의 불완전성에 근거를 두고 있다. MM의 논리를 확장시킨 대부분의 자본구조이론에 의하면 세금, 거래비용, 파산비용, 비대칭적 정보 및 대리인 비용 등과 같은 시장의 불완전요인이 자본구조의 선택에 영향을 미치는 것으로 알려지고 있다. 예를 들어 기업이 지나치게 부채를 많이 사용하는 경우에는 재무적 곤경에 처할 가능성이 높아지며 또한 외부금융에 대한 의존도가 높아질수록 대리인 비용의 부담이 증가하기 때문에 이와 같은 요인들이 자본구조에 영향을 미치는 것이다.

MM의 수정이론에서 살펴본 것처럼 기업이 부채를 사용하는 가장 중요한 이유는 법인세를 절감시키는데 있다. 그 밖에도 기업이 부채를 사용하는 이유를 찾기 위해서는 시장의 불완전요인을 고려한 여러 형태의 자본구조이론을 이해해야 한다.

1. 파산비용

1) 파산비용

자본구조를 수정하는 경우 법인세를 절감시킬 수 있는 혜택만 있는 것은 아니다. 부채의존도가 높아질수록 이자부담이 증가하기 때문에 예상 밖으로 기업환경이 악화되는 경우에는 원리금을 상환할 수 없는 지급불능상태에 빠질 수도 있다. 지급불능상태(insolvency)란 기업이 이자를 지급하지 못하거나 부채의 원금을 상환하지 못하는 상태를 의미한다.

지급불능상태는 기술적 지급불능상태와 실질적 지급불능상태로 구분된다. 기술적 지급불능상태(technical insolvency)는 정상적인 영업활동과정에서 일시적인 유동성 악화로 인하여 지급불능상태에 빠지는 경우를 의미한다. 따라서 기술적 지급불능상태는 일시적으로 나타나는 현상이기 때문에 유동성이 호전되는 경우에는 다시 정상적인 영업활동을 계속할 수 있다. 한편 실질적 지급불능상태(real insolvency)는 기업가치가 부채상환액 미만으로 하락하여 더 이상 영업활동을 수행할 수 없는 파산상태를 말한다. 기업이 이와 같은 지급불능상태에 빠지게 되면 상당한 비용을 부담해야 하는데, 이러한 비용을 파산비용(bankruptcy cost)이라고 한다.

파산비용은 직접파산비용과 간접파산비용으로 구분된다. 직접파산비용은 파산이 선고된 상태에서 청산 또는 재조직 과정에서 부담해야 하는 법적비용, 관리비용과 자산의 처분손실 등의 비용을 말한다. 한편 간접파산비용은 유동성이 악화되어 판매활동이 위축되거나 고객을 상실함으로써 부담해야 하는 기회비용을 말한다. 기업의 경우 부채의존도가 높아질수록 채무불이행 가능성이 높아지기 때문에 파산비용이 증가하여 그에 따라 기업가치가 하락하게 된다. 파산비용은 결국 주주가 부담해야 하는 비용이다. 따라서 파산비용은 주주에게 돌아가는 몫을 감소시키는 한편 주가를 하락시키는 요인이 된다.

2) 법인세와 파산비용을 고려한 자본구조이론

Kraus-Litzenberger(1973)는 법인세와 파산비용을 고려하여 MM의 자본구조이론을 확장시킴으로써 한계법인세절감액과 한계파산비용이 일치하는 수준까지 부채로 자금을 조달하여 자본구조를 수정할 때 기업가치를 극대화된다고 주장하였다. 법인세와 파산비용을 고려하는 경우 부채사용기업의 가치는 식 (3)과 같다.

$$V_L = V_U + t_c D - PV(\text{파산비용}) \tag{3}$$

[그림 10-3]에서 법인세와 파산비용을 고려한 자본구조이론을 보여주고 있다.

그림 10-3. **파산비용, 가중평균자본비용과 기업가치**

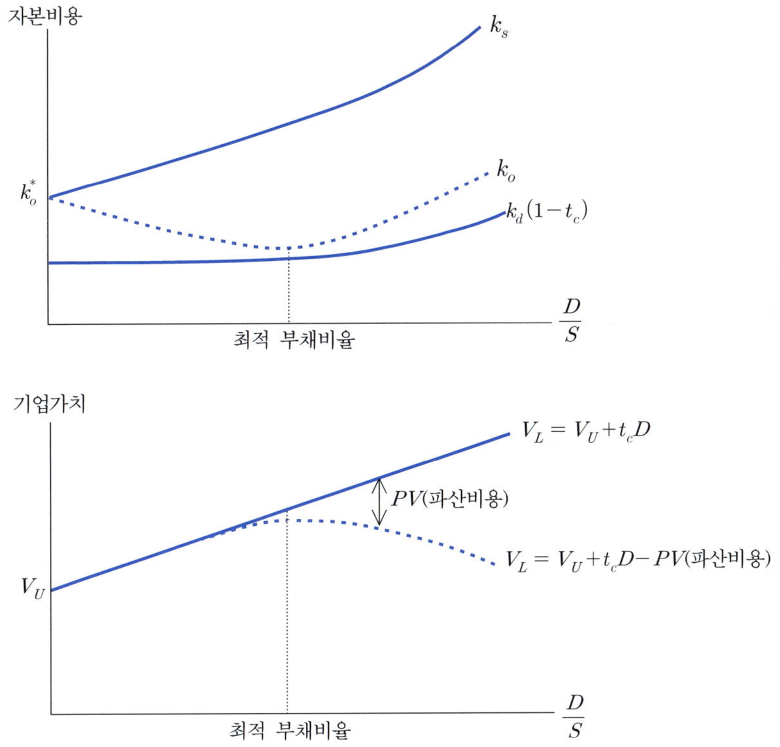

2. 대리인비용

이상에서 설명한 자본구조이론에서는 모든 경영자가 주주들의 부를 극대화시키는 방향으로 기업을 경영한다는 가정에서 자본구조의 수정이 기업가치에 미치는 영향을 분석하고 있다. 그러나 경영자, 주주와 채권자 등 기업의 이해관계자 사이에서 항상 이와 같은 신뢰관계가 유지되는 것은 아니다. 주주들은 경영자가 기업가치를 높이는 쪽으로 기업을 경영해 주기를 원하지만 경영자는 자신의 부를 높이는 방향으로 기업을 경영하려고 하기 때문이다.

이처럼 자신의 이익을 우선하는 쪽으로 행동하는 원리를 자기우선의 원리(first-me principle)라고 한다. 이와 같은 자기우선의 원리는 기업경영에서 대리인 문제를 야기시키는 원인이 된다. 왜냐하면 기업의 이해관계자들이 자기우선의 원리에 따라 자신의 몫을 높이는 쪽으로 행동하면 기업의 이해관계자들 사이에서 갈등이 일어나기 때문이다.

1) 대리인 문제

Jensen-Meckling(1976)은 기업의 소유권 구조에서 볼 수 있는 이와 같은 대리인 관계를 통하여 자본구조가 기업가치에 미치는 영향을 분석할 수 있다고 주장하였다. 대리인 관계(agency relationship)는 소유자(주체)가 자신을 대리하여 기업을 경영할 수 있는 권리를 경영자(대리인)에게 위임하는 계약관계를 말한다. 이와 같은 계약관계의 목표는 상호 보완적인 관계에서 소유자가 경영자에게 경영권을 위임하여 기업가치를 높이는 쪽으로 기업을 경영하도록 함으로써 경영성과를 공평하게 배분하여 쌍방의 부를 극대화하는 데 있다.

이러한 관점에서 보면 "소유와 경영의 분리"는 경영자가 소유자의 이익을 위하여 기업을 운영한다는 전제에서 가능한 것이다. 그러나 경영자들이 자신의 이익을 위해서 기업을 경영하려고 하기 때문에 대리인 문제가 일어나는 것이다. 예컨대 경영정책의 결정, 임원의 선임, 원료구입처의 선정 등과 같은 정책결정에서 경영자, 주주와 채권자의 입장이 다를 수 있으며, 이와 같은 입장의 차이가 경영활동을 제약시키는 요인으로 작용하게 된다.

대리인 관계에서 기업의 소유권 구조를 정리하면 다음과 같다.

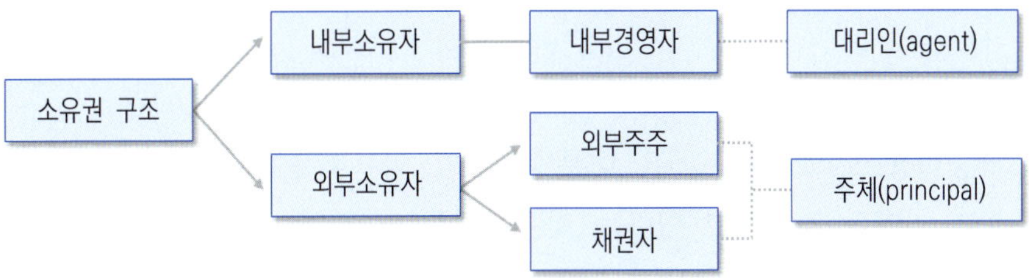

기업의 소유자는 내부소유자와 외부소유자로 구분되며, 외부소유자는 외부주주와 채권자로 구분된다. 내부소유자는 경영활동에 직접 참여하는 대주주로 소유경영자 또는 내부경영자라고 부른다. 한편 외부소유자는 기업경영에 참여하지 않고 보통주와 채권에 투자하는 주주와 채권자를 말한다. 소유권 구조에서 보면 내부경영자는 외부소유자로부터 경영권을 위임받아 경영에 참여하기 때문에 대리인이 되는 한편 외부소유자는 기업의 경영권을 내부경영자에게 위임하는 주체가 된다. 경영권을 위임받은 내부경영자가 외부소유자들의 편에서 기업을 경영하는 경우에는 갈등이 일어나지 않지만 외부소유자들보다 자신의 부를 우선하는 쪽으로 기업을 경영하는 경우에는 내부경영자와 외부소유자 사이에서 갈등이 일어나게 된다. 이처럼 소유권구조에서 발생하는 갈등의 문제를 대리인 문제(agency problem)라고 하며, 기업은 이와 같은 대리인 문제를 해소하기 위하여 많은 대리인 비용(agency cost)을 부담하고 있다.

2) 대리인 비용

대리인 비용은 감시비용, 확증비용과 잔여비용으로 구분된다.

(1) 감시비용

감시비용(monitoring cost)은 내부경영자가 외부소유자의 부를 극대화하는 쪽으로 기업을 운영하고 있는가를 감시할 수 있는 장치를 유지하기 위하여 부담해야 하는 비용을 말한다. 앞서 설명한 것처럼 기업이 부채를 통하여 자금을 조달할수록 채권자들의 부가 주주들에게 이전될 가능성이 높아지며, 부의 이전 가능성이 높아질수록 채권자들이 자신의 부를 보호하기 위하여 보다 높은 이자율을 요구하거나 경영활동을 규제하는 여러 가지 제도적인 장치를 요구하기 때문에 부채비용이 상승하거나 기회비용이 증가한다.

(2) 확증비용

확증비용(bonding cost)은 내부경영자가 외부소유자의 부를 극대화하는 쪽으로 기업을 경영하고 있다는 것을 확인시켜 주기 위하여 부담해야 하는 비용을 말한다. 예컨대 외부소유자에게 경영활동의 결과를 보고하기 위하여 재무제표를 작성하여 회계감사를 받는 비용 등은 확증비용에 해당한다.

(3) 잔여비용

잔여비용(residual cost)은 감시활동과 확증활동에도 불구하고 내부경영자와 외부소유자 사이의 경쟁적 관계 때문에 경영활동이 위축됨으로써 발생되는 손실을 말한다. 예를 들어 내부경영자와 외부소유자의 갈등이 깊어짐에 따라 경쟁력이 약화되어 고객을 상실하거나 판매량이 감소함에 따라 발생하는 기회비용은 잔여비용에 해당한다.

3) 대리인 비용을 고려한 자본구조이론

Jensen-Meckling(1976)은 앞서 설명한 바와 같이 외부금융에 의존할 때 부담해야 하는 대리인 비용이 존재하기 때문에 기업의 소유권 구조가 현금흐름의 확률분포에 영향을 미친다고 주장하였다. Jensen-Meckling의 대리인 이론에 의하면 기업의 소유권 구조가 자본구조의 선택에 영향을 미치기 때문에 적절하게 외부금융을 이용하면 기업가치를 극대화시킬 수 있다. 대리인 비용은 부채금융의 대리인 비용과 외부보통주금융의 대리인 비용으로 구분된다.

$$A_T = A_d + A_s \qquad (4)$$

A_T: 총대리인 비용
A_d: 부채금융의 대리인 비용
A_s: 외부보통주금융의 대리인 비용

[그림 10-4]에서 부채금융의 대리인 비용과 외부보통주금융의 대리인 비용을 보여주고 있다. 기업이 부채로 자금을 조달하여 보통주를 재매입하여 외부보통주금융의 비율을 낮출수록 부채금융의 대리인 비용이 증가하지만 외부보통주금융의 대리인 비용은 감소한다. 한편 보통주로 자금을 조달한 후 부채를 상환하여 외부보통주금융의 비율을 높일수록 부채금융의 대리인 비용은 감소하지만 외부보통주금융의 대리인 비용이 증가한다. 따라서 총대리인 비용이 최소화되는 수준까지 외부보통주금융의 비율을 높일 때 기업가치가 극대화된다는 사실을 알 수 있다.

그림 10-4. 외부금융의 대리인 비용

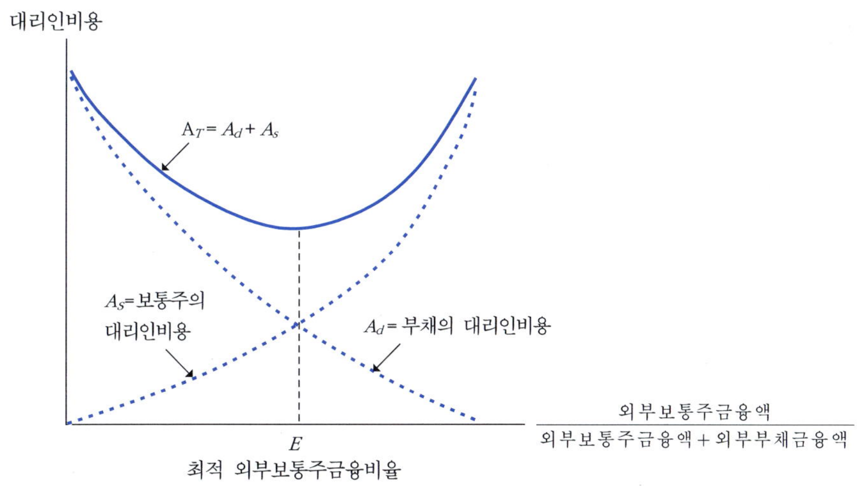

[그림 10-4]에서 외부보통주금융의 비율이 점 E까지 확대될 때 총대리인 비용이 최소화됨을 보여주고 있다.

Jensen-Meckling은 [그림 10-4]에서 보여주는 것처럼 총대리인 비용이 최소화되는 수준까지 외부보통주금융의 비율을 높이면 기업가치가 극대화된다고 주장하였다.

3. 비대칭적 정보

완전시장에서는 모든 투자자들이 동일한 정보를 소유하고 있기 때문에 특정 정보를 이용하여 초과수익을 얻을 수 있는 기회가 존재하지 않는다. 이처럼 모든 투자자들이 똑같이 소유하고 있는 정보를 대칭적 정보(symmetric information)라고 한다. 그러나 실제로는 특정 집단이 보다 유리한 정보를 소유하는 경향이 있다.

대부분의 실증적 연구에 의하면 자본시장이 강형(strong-form)에서 비효율적인 것으로 나타나고 있다. 자본시장이 강형에서 비효율적이라는 것은 특정 집단이 정보를 독점적으로 소유하고 있음을 의미한다. 이처럼 특정 집단이 독점적으로 소유하고 있는 정보를 비대칭적 정보(asymmetric information)라고 한다.

이와 같은 비대칭적 정보는 재무정책결정에서 고려해야 하는 중요한 요인 중의 하나로 이해되고 있다. 이제부터 비대칭적 정보에 근거를 두고 있는 이론으로 자본구조의 신호이론과 자본조달의 순서이론에 대하여 살펴보자.

1) 자본구조의 신호이론

Ross(1977)는 기업의 미래 현금흐름에 대한 비대칭적 정보가 자본구조의 선택에 영향을 미친다고 주장하였다. 그의 주장에 의하면 기업가치는 자본시장에서 투자자들이 인지하는 미래의 현금흐름에 대한 기대에 따라 결정되는데, 부채정책이 기업의 미래 현금흐름에 대한 이와 같은 투자자들의 기대를 바꾸게 하는 하나의 수단으로 이용된다는 것이다. 내부경영자가 기업의 미래 현금흐름이 지속적으로 개선될 것이라는 내부정보를 독점적으로 소유하고 있다고 하자. 이 경우 내부경영자는 부채정책이나 배당정책을 통하여 이와 같은 내부정보를 일반 투자자들에게 전달하여 기업가치를 높여서 자신의 보상을 높이고자 한다. 예를 들어 부채로 자금을 조달하여 자본구조를 수정함으로써 그 기업의 미래 현금흐름이 지속적으로 증가할 것이라는 내부경영자의 확신(내부정보)을 일반투자자에게 알려줄 수 있다.

기업의 미래 현금흐름에 대한 이와 같은 비대칭적 정보를 고려하는 경우 기업이 자본구조를 수정할 때 다음과 같은 두 가지 효과가 일어난다. 첫째, 부채로 자금을 조달하여 자본구조를 수정함에 따라 그 기업의 미래 수익력이 지속적으로 개선된다는 정보가 시장에 전달되기 때문에 미래 수익력의 개선에 대한 기대에 따라 주가가 상승하여 내부경영자의 보상이 증가하는 효과이다. 이와 같은 효과를 신호이득(signalling benefit)이라고 한다.

둘째, 부채로 자금을 조달하여 자본구조를 수정하는 경우 기업의 파산가능성이 높아지기 때문에 경영의 효율성이 떨어지거나 유동성의 악화로 인해 신용도의 저하 또는 거래선의 상실에 따라 많은 기회비용을 부담해야 하기 때문에 경영성과가 악화되어 주가가 하락함에 따라 내부경영자의 보상이 감소하는 효과이다. 이와 같은 효과를 신호비용(signalling cost)이라고 한다.

Ross의 신호이론에 의하면 한계신호이득이 한계신호비용보다 높은 한 내부경영자가 부채로 자금을 조달하여 자본구조를 수정할 것이기 때문에 한계신호이득과 한계신호비용이 일치하는 수준까지 부채로 자금을 조달하여 자본구조를 수정하면 기업가치가 극대화된다는 것이다. 따라서 미래의 현금흐름이 지속적으로 증가할 것으로 기대되는 기업에서는 부채의존도를 높게 유지하는 반면에 미래의 현금흐름이 지속적으로 감소할 것으로 기대되는 기업에서는 부채의존도를 낮게 유지하려 한다.

2) 자본조달의 순위이론

MM의 이론을 확장시킨 대부분의 자본구조이론에서는 기업의 여건에 따라 기업가치를 극대화시킬 수 있는 자본구조를 선택할 수 있다고 주장한다. 예컨대 미래의 수익력이 확실하고 현금흐름의 창출능력이 높은 기업에서는 부채수용능력이 높은 한편 세금절감효과를 얻을 수 있을 만큼 충분한 수익력이 뒷받침되기 때문에 부채구성비율을 높은 수준에서 유지하려고 한다. 반면에 미래의 수익력이 불확실하고 현금창출능력이 낮은 기업에서는 부채수용능력이 낮은 한편 세금절감효과를 얻을 수 있을 정도로 수익력이 확실하지 않기 때문에 부채구성비율을 낮은 수준에서 유지하려 한다는 것이다.

그러나 실제로 기업의 자본구조를 보면 신기술과 같은 무형자산을 많이 보유하는 한편 수익력이 좋은 기업에서 오히려 부채를 적게 사용하는 경우를 흔히 볼 수 있다. MM의 이론적 틀에서 보면 이와 같은 현상은 매우 이례적인 현상이다. 또한 경영자들은 경영활동에서 요구되는 자본을 가능한 내부금융을 통하여 조달하고자 하며, 내부금융만으로 소요자금을 충족시킬 수 없는 경우에만 회사채나 보통주 등을 통하여 조달하려고 한다. 이상에서 설명한 자본의 조달행위는 내부경영자와 외부주주들 사이에 존재하는 정보의 불균형에 근거를 두고 있는 자본조달의 순위이론(pecking order theory of capital structure)을 이용하여 설명할 수 있다.

자본조달의 순위이론에 의하면 기업은 내부금융을 통하여 자본을 조달하며, 외부금융이 필요한 경우에는 부의 이전 가능성이 낮은 순위에 따라 먼저 부채를 통하여 자본을 조달한 후 그래도 부족한 경우에만 보통주를 발행하여 자본을 조달한다는 것이다. 따라서 자본조달의 순위이론에서는 기업가치가 극대화되는 자본구조가 존재하지 않는다고 보고 있다. 왜냐하면 자기자본에는 내부자금과 외부자금이 있는데, 내부자금에 의한 자기자본은 가장 상위의 순위에 있는 한편 보통주를 통한 자기자본의 조달은 가장 하위의 순위에 있기 때문이다. 따라서 부채비율이 낮다고 해서 자본구조가 좋다고 말할 수는 없다. 왜냐하면 내부금융이 아닌 보통주를 발행하여 부채의존도를 낮추는 것이 반드시 좋은 자본구조를 의미하는 것이 아니기 때문이다.

자본조달의 순위이론에서 보면 수익력이 좋은 기업에서 부채를 적게 사용하고 있는 이유를 효과적으로 설명할 수 있다. 수익력이 좋은 기업일수록 내부에 축적한 유보이익이 많기 때문에 외부에서 자본을 조달해야 하는 필요성이 낮기 때문이며, 반대로 수익력이 나쁜 기업에서는 내부에 축적된 유보이익이 거의 없기 때문에 부채를 통한 자본조달이 우선순위에 있기 때문이다.

Myers-Majluf(1984)은 내부경영자가 신규투자기회와 주식가치에 대한 내부정보를 독점적으로 소유하고 있으며, 내부경영자가 기존주주의 부를 높이는 쪽으로 기업을 경영한다는 가정에서 이와 같은 기업의 자본조달행위를 설명할 수 있는 자본조달의 순위이론을 제시하였다. 예를 들어 내부경영자가 양(+)의 NPV를 갖는 신규투자기회와 과소평가되고 있는 주식가치에 대한 내부정보를 소유하고 있다면 그는 주주의 부를 보호하기 위하여 부의 이전 가능성이 적은 순서에 따라 내부금융, 부채금융 그리고 보통주금융의 순서에 따라 자본을 조달한다는 것이다.

부의 이전 가능성 측면에서 보면 내부금융은 부의 이전가능성이 없는 금융수단이기 때문에 투자자금을 내부금융으로 조달함으로써 기존 주주의 부가 신규 주주들에게 이전되는 부의 이전효과를 원천적으로 막을 수 있으며, 외부금융이 필요한 경우에는 보통주보다 부채를 통하여 조달함으로써 기존주주의 부가 채권자에게 이전되는 부의 이전효과를 최소화시킬 수 있다. 부채의 경우는 현금흐름과 관계없이 고정된 이자만 지급하면 되기 때문에 부의 이전 가능성이 보통주에 비하여 상대적으로 낮다.

한편 내부경영자가 자기회사의 보통주가 시장에서 과소평가되고 있다는 내부정보를 소유하고 있다면 그는 내부금융을 통하여 자본을 조달하고자 할 것이다. 왜냐하면 보통주를 발행하여 자본을 조달하는 경우에는 기존주주의 부가 신규주주에게 이전되는 부의 이전현상이 일어나기 때문이다. 따라서 이와 같은 논리에서 보면 보통주의 발행은 그 기업의 보통주가 시장에서 과대평가되고 있다는 신호를 의미하기 때문에 시장에서 불리한 뉴스(bad news)로 작용하기 때문에 내부경영자들은 보통주를 발행하여 자본을 조달하는 것을 가능한 기피하려 한다.

이상에서 살펴본 바와 같이 내부경영자는 기존주주의 부를 극대화하기 위하여 부의 이전 가능성이 적은 순서에 따라 투자자금을 조달하는 유인이 존재한다는 것이 자본조달의 순서이론의 핵심적인 내용이다. 부의 이전 가능성이 없는 자본조달방법은 내부금융을 이용하는 것이고, 그 다음으로 부의 이전 가능성이 적은 자본조달방법은 부채를 이용하는 것이다. 부채를 이용하는 경우에는 채권자에게 정해진 이자를 지불하면 그만일 뿐만 아니라 부채가치가 보통주가치보다 덜 변동하기 때문이다. 따라서 부채를 통하여 자본을 조달할 때의 부의 이전 가능성이 보통주를 통하여 자본을 조달할 때의 부의 이전 가능성보다 적다고 말할 수 있다.

자본조달의 순위이론에 의하면 내부경영자가 기존주주의 부를 극대화시키는 쪽으로 기업을 경영하기 때문에 다음과 같은 자본조달의 순서가 존재한다.

첫째, 외부금융보다 내부금융이 유리하다. 투자자금을 외부금융으로 조달하는 경우에는 발행비용은 물론 발행가격의 과소 책정에 따라 부담해야 하는 부의 이전비용 이외에 신규투자로부터 얻을 수 있는 NPV의 일부를 포기해야 하는 기회비용을 부담해야 하기 때문이다. 이와 같은 비용부담은 내부금융을 통하여 자본을 조달함으로써 피할 수 있다.

둘째, 앞서 언급한 것처럼 투자자금을 외부금융으로 충당해야 하는 경우에는 보통주보다 부채를 통하여 투자자금을 조달하고자 하며, 내부금융과 부채를 통해서도 충당할 수 없는 경우에만 신규 보통주를 통하여 투자자금을 조달하고자 할 것이다.

자본조달의 순위이론은 다음과 같은 몇 가지 의미를 갖는다.

첫째, 내부경영자는 내부금융, 부채와 신규 보통주의 순서에 따라 투자자금을 조달하고자 하는 유인을 갖는다.

둘째, 주가가 비정상적으로 상승한 후에는 보통주를 발행하여 자본을 조달하고자 할 것이며, 반대로 주가가 비정상적으로 하락한 후에는 부채를 통하여 자본을 조달하고자 할 것이다. 과대평가된 가격으로 보통주를 발행하여 자본을 조달하는 경우 높은 가격으로 신규투자자들에게 보통주를 매각함으로써 기존주주들의 부를 높일 수 있기 때문이다. 반대로 과소평가된 가격으로 보통주를 발행하여 자본을 조달하는 경우 기존주주들의 부가 신규주주들에게 이전되는 현상이 일어나기 때문에 이와 같은 부의 이전현상을 막기 위하여 부채로 자본을 조달하고자 하는 유인이 존재하는 것이다.

셋째, 양(+)의 NPV를 갖는 투자기회가 많은 기업에서는 부채의존도가 상대적으로 낮은 경향이 있음을 시사한다. 왜냐 하면 신규투자자금을 부채로 조달하는 경우 양(+)의 NPV 중 일부가 채권자들에게 배분되어 주주들의 부가 그만큼 감소하기 때문이다. 따라서 부채를 통하여 투자자금을 조달할수록 주주의 부가 채권자에게 이전되는 현상이 일어나게 된다.

요약

1. 자본구조란 재무상태표의 대변항목 중 단기성부채를 제외한 장기성부채와 자본금 및 잉여금의 구성상태를 의미한다.
   자본구조가 중요한 이유는 재무레버리지의 변화가 기업가치를 측정하는데 필요한 할인율과 관련되어 있고 대부분 기업은 원하는 어떤 자본구조든지 선택할 수 있기 때문이다. 그러므로 기업은 이론적으로 자본비용을 최소화하여 기업가치를 극대화되도록 선택하여야 한다.
2. 자본구조이론은 다른 모든 조건이 일정한 경우, 기업의 재무레버리지의 변화에 따라 기업가치가 어떻게 변화하는지 설명해 주는 이론이며, ① 관련, 무관련이론으로 구분하거나 ② MM의 무관련이론을 중심으로 전·후로 대별하기도 한다.
3. MM은 '기업가치와 가중평균자본비용은 그 기업의 자본구조와 무관하다'는 주장을 재정거래를 통해 설명하였으며, MM이론에 법인세를 고려한 경우(MM의 수정이론), 부채비용의 감세효과가 감안되어 재무레버리지의 증가는 자본비용을 감소시키고 기업가치를 증가시킨다고 주장하였다.
   MM이론은 가정상의 문제점으로 비판을 받기도 하지만 이론 그 자체에 대한 것은 아니며, 오히려 MM이론은 현재 많은 학자들에 의해 지지를 받고 있다.
4. 통상 기업의 가중평균자본비용을 자본비용으로 사용하며, 가중평균자본비용은 원천별 자본비용을 자본구성비율로 가중평균한 값으로 계산한다.
   MM 이후의 주요 자본구조이론으로는 파산비용이론, 밀러의 균형부채이론, 대리인이론, 정보비대칭이론(Ross의 신호이론, Myers-Majluf의 자본조달순위이론) 등이 있다.
5. 다양한 자본구조이론을 통해 살펴본 결과, 현실을 고려할 경우, 레버리지의 변화는 기업의 가치를 변화시키며, 최적자본구조가 존재한다. 다만, 모든 기업에 획일적이지 않다.
   이에, 자본구조정책을 공식화할 때, 경험적 규칙을 고려함으로써 각 기업의 자본구조를 설정할 수 있다.

연습문제

객관식

1. 기업이 자본구조를 선택할 때 의사결정의 목표는 무엇이어야 하는가?
   ① 현재의 주가를 극대화한다.
   ② 기업의 가치를 업계 최고 수준으로 한다.
   ③ 기업의 가중평균자본비용을 적정하게 유지하도록 한다.
   ④ 법인세 절약효과를 극대화한다.

2. 다음 중 재정거래를 가정하여 기업레버리지의 변화가 기업가치의 변화와 무관하다는 자본구조이론은 무엇인가?
   ① MM이론
   ② MM의 수정이론
   ③ 대리인비용
   ④ 파산비용

3. 자본구조의 신호전달이론에 관한 설명 중 틀린 것은?
   ① 거짓신호를 보낸 경영자에게는 충분한 벌금이 부과되므로 거짓신호의 유인이 존재하지 않아야 한다.
   ② 신주발행공시는 미래 현금흐름에 대한 불리한 신호로 작용한다.
   ③ 정보 비대칭하에서 최적자본구조가 존재한다.
   ④ 이익유보율을 낮추어서 평상시에 부채를 차입할 수 있는 여력을 유지하고 있어야 한다.

4. 자본조달순위이론에서 유리한 투자기회를 갖고 있는 기업이 선호하는 자본조달 원천의 우선순위를 적절하게 나열한 것은?
   ① 부채-신주발행-유보이익
   ② 부채-유보이익-신주발행
   ③ 유보이익-부채-신주발행
   ④ 신주발행-부채-유보이익

주관식

1. MM의 자본구조이론에 대하여 설명하시오.

2. 법인세를 고려한 MM의 자본구조이론의 내용을 간략하게 설명하시오.

3. 법인세와 파산비용을 고려한 자본구조이론에 대하여 설명하시오.

4. 대리인비용을 고려한 자본구조이론에 대하여 설명하시오.

5. 법인세율은 50%이다.
   아래와 같은 각 부채정책에서 얻을 수 있는 법인세절감 효과를 측정하시오.
   1) 연리 10%의 이자율로 원리금을 연말에 지급하는 조건으로 10억원을 차입한다.
   2) 이자율이 연리 10%이고 이자는 매년 말에 지급하며 원금을 5년 후에 상환하는 조건으로 10억원을 차입한다.
   3) 매 연말에 이자를 지급하는 조건으로 연리 15%의 부채로 10억원을 조달한다.

6. 향후 영구적으로 매년 1억원의 영업이익이 기대되는 서울(주)는 부채를 전혀 이용하지 않고 있으며 자기자본은 10억원이다. 그런데 최근 연리 5%인 부채로 5억원을 조달하여 자본구조를 조정하려고 한다. 법인세율은 40%이다.
   다음 질문에 답하시오.
   1) 자본구조를 수정하기 이전의 자기자본비용은?
   2) 자본구조를 수정하는 경우 자기자본비용이 얼마까지 상승하는가?
   3) 자본구조의 수정이 기업가치에 어떤 영향을 미치는가?
   4) 자본구조를 수정하는 경우 어느 정도의 법인세절감효과를 기대할 수 있는가?

7. 부채와 자기자본이 각각 5억원이고, 부채비용과 자기자본비용이 각각 10%와 20%인 서울(주)는 매년 말에 160백만원의 현금흐름을 영구히 벌어들이고 있으며, 법인세율은 20%이다.
   가중평균자본비용과 기업가치를 구하시오.

제 11 장
배당정책

제 11 장 배당정책

제1절 배당의 종류와 지급제도

1. 배당의 종류

1) 현금배당

현금배당은 정규현금배당, 추가현금배당과 특수현금배당 등으로 구분된다. 정규현금배당(regular cash dividend)은 일시적인 경영성과와 관계없이 장기적인 경영성과에 따라 정기적으로 일정하게 지급되는 현금배당을 말한다. 기업에서 지급되고 있는 대부분의 현금배당은 정규현금배당에 해당되며, 정규현금배당은 기업의 경영성과가 장기적으로 개선되거나 악화될 것이라는 확신이 있을 경우에만 조정되는 경향이 있다.

추가현금배당(extra cash dividend)은 장기적으로 이익전망이 개선될 것이라는 확신은 없지만 일시적으로 많은 이익이 실현될 때 정규현금배당 이외에 추가로 지급되는 현금배당을 말한다. 추가현금배당은 일시적으로 이익이 증가할 때 지급되는 경향이 있지만 추가현금배당이 지급된 이후에도 이익이 지속적으로 증가하는 경우에는 정규현금배당에 포함되는 경향이 있다.

특수현금배당(special cash dividend)은 정규현금배당과 관계없이 1회용 보너스의 형태로 지급되는 현금배당으로서 반복적으로 지급되지 않는다는 점에서 정규현금배당과 다른 차이점이 있다.

2) 비현금배당

비현금배당은 현금 이외의 자산으로 지급되는 배당으로 주식배당과 주식재매입 등이 있다.

주식배당(stock dividend)은 현금 대신에 주식으로 지급되는 배당을 말한다. 우리나라에서는 구주주배정방식의 발행제도를 채택하고 있기 때문에 무상증자의 절차를 거쳐 주식배당이 지급되고 있다. 주식재매입은 현금배당의 대안으로 이용되고 있는 재무정책의 하나로 중요한 의미를 지니고 있다.

주식재매입(stock repurchase)은 자기회사의 주식을 시장에서 직접 매입하는 것을 말한다. 주식재매입은 배당을 지급하지 않는 대신에 배당지급재원으로 증권시장에서 직접 자기회사의 주식을 매입하기 때문에 배당정책의 대안으로 이용되기도 한다.

기업에서 이처럼 배당지급재원으로 시장에서 주식을 재매입하면 주주들은 현금배당 대신에 자본차익의 형태로 배당을 받을 수 있기 때문에 배당소득세율이 자본차익세율보다 높은 세율구조에서는 세금을 줄일 수 있는 이점이 있다.

2. 우리나라의 배당지급제도

우리나라 상법에서는 소액주주의 권익을 보호하기 위하여 주주총회에서 현금배당을 결정하도록 규정하고 있으나 미국에서는 이사회에서 결정하도록 규정하고 있다. 또한 우리나라에서는 거래일로부터 3일째 되는 날에 수도결제가 이루어지는 보통거래를 채택하고 있다.

그러므로 주주명부폐쇄 직전일 이후에 한국거래소를 통하여 보통주를 매입하는 주주들은 주주명부폐쇄일 이후에 가서 주주명부에 등록되기 때문에 배당을 받을 수 있는 권리를 갖지 못하게 된다. 따라서 한국거래소는 주주명부폐쇄 직전일에 배당락 조치를 내리게 된다.

우리나라의 경우 배당이 확정되기 이전에 배당락 조치가 이루어지는 관계로 여러 가지 문제가 발생하고 있다.

제2절 배당관련이슈

배당정책[1)]은 투자정책이나 자본구조정책과 더불어 재무관리자가 해결해야 하는 주요 정책과제 중의 하나이다.

배당정책과 관련하여 제기되는 하나의 질문은 "기업이 벌어들인 현금흐름 중 어느 정도를 주주들에게 배당으로 지급해야 하는가?"이다.

기업의 입장에서 보면 배당을 적게 지급할수록 부족한 배당지급재원을 조달하기 위하여 보통주를 발행하지 않아도 되기 때문에 발행비용을 줄일 수 있으며, 주주의 입장에서도 현금배당 대신에 자본차익의 형태로 배당을 받을 수 있기 때문에 세금부담을 줄일 수 있다.

그럼에도 불구하고 대부분의 기업에서 많든 적든 배당을 지급하고 있다. 어떤 기업에서는 높은 배당성향을 유지하려고 하는 반면 어떤 기업에서는 낮은 배당성향을 유지하려하기도 한다.

이처럼 기업마다 배당수준이 다른 이유가 무엇인가? 많은 선행연구의 결과를 종합해 보면 이에 대한 해답이 분명하지 않다.

따라서 투자정책이나 자본구조정책과 달리 배당정책은 논란의 여지가 많은 정책과제라고 말할 수 있다.

제3절 배당정책의 결정요인 및 실제

이론적 또는 현실적인 관점에서 언급되고 있는 배당정책의 결정요인을 정리하면 다음과 같다.

1) 배당정책(dividend policy)이란 기업의 경영성과인 순이익을 주주에 대한 배당금과 재투자를 위한 내부금융원으로써의 유보이익으로 나누는 결정을 말한다. ① 배당을 하는 것이 좋은가? 아니면 유보하는 것이 좋은가? ② 왜 배당을 지급하는가? ③ 배당의 많고 적음이 기업가치(또는 주가)에 영향을 미치는가? 라는 물음을 통해 배당과 기업가치와의 관계에 초점을 둔다.

1. 현재의 이익수준

Lintner(1956)는 대기업의 재무관리자들을 대상으로 한 면담조사에서 배당정책의 선택과 관련된 매우 중요한 사실을 발견하였다. 면담조사에서 발견한 연구결과를 요약하면 다음과 같다.

첫째, 대부분의 경영자는 장기적인 목표배당성향을 설정하여 그에 따라 배당성향을 단계적으로 조정하고 있으며, 둘째, 절대적인 배당수준보다 배당조정의 상대적인 크기에 중요한 의미를 부여하며, 셋째, 1년 또는 2년 이내에 배당을 다시 조정해야 하는 경우에는 이익수준과 관계없이 배당성향을 그대로 유지하고, 마지막으로 장기적으로 순이익이 증가할 것이라는 확신이 있을 때에만 배당성향을 상향 조정하는 경향이 있다는 사실을 발견하였다.

표 11-1. 392개 제조업의 순이익과 배당의 변화(1946년-1964년)

이익변화			상대적 비율		
*t*년	*t*-1년	상대적 비율	배당증가	배당불변	배당감소
+		59.3%	65.8%	13.9%	20.3%
-		40.7	42.8	17.7	39.5
+	+	33.4	74.8	11.4	13.8
+	-	25.9	54.1	17.2	28.7
-	+	24.7	49.7	16.9	33.4
-	-	16.0	31.8	19.4	48.8

자료: E. F. Fama and H. Babiak, "Dividend Policy: An Empirical Analysis", *Journal of the American Statistical Association 63*, Dec., 1969, p. 1134.

한편 Fama-Babiak(1969)는 경영자들이 최근의 이익수준과 이익증가의 빈도를 고려하여 배당성향을 조정한다는 사실을 발견하였다.

〈표 11-1〉에서 볼 수 있는 것처럼 최근 2년 동안에 순이익이 계속 증가한 기업 중에서 배당을 상향 조정한 기업은 74.8%이었으나 배당을 하향 조정한 기업은 13.8%에 지나지 않았으며, 반면에 최근 2년 동안에 순이익이 계속 감소한 기업 중에서 배당을 하향 조정한 기업은 48.8%이었고 배당을 상향

조정한 기업은 31.8%이었던 것으로 나타났다. 이러한 결과는 순이익이 지속적으로 증가할 때 배당성향이 상향 조정되는 경향이 있다는 사실을 뒷받침하는 것이다.

Lintner(1956)가 주장하는 것처럼 경영자들이 장기적인 목표배당성향을 설정하여 그에 따라 배당성향을 조정한다면 t년의 배당지급액은 식 (1)과 같다.

$$D_t^* = TD \times E_t \tag{1}$$

D_t^*: t년의 목표배당지급액 TD: 장기적인 목표배당성향
E_t: t년의 순이익

식 (1)의 양변에서 t-1년도의 실제 배당지급액을 공제하면 식 (2)와 같다.

$$D_t^* - D_{t-1} = TD \times E_t - D_{t-1} \tag{2}$$

D_{t-1}: $t-1$년의 실제 배당지급액

그러나 대부분의 기업에서 경영자들이 배당수준을 한꺼번에 D_{t-1}에서 D_t^*로 상향 조정하지 않고 단계적으로 조정하고 있다. 따라서 실제 배당조정액은 식 (3)과 같다.

$$D_t - D_{t-1} = a(D_t^* - D_{t-1}) \tag{3}$$

a: 배당조정계수($0 \le a \le 1$)

식 (3)에서 D_t^* 대신에 $TD \times E_t$를 대입하여 D_t에 대하여 정리하면 식 (4)와 같다.

$$D_t = a \times TD \times E_t + (1 - a)D_{t-1} \tag{4}$$

식 (4)에서 볼 수 있는 것처럼 현재의 순이익과 직전 연도의 배당수준이 배당정책에 영향을 미치고 있음을 알 수 있다.

한편 식 (3)에서 실제 배당조정액은 식 (5)와 같다.

$$D_t - D_{t-1} = a(TD \times E_t - D_{t-1}) \tag{5}$$

식 (5)에서 보여주는 것처럼 상대적인 배당조정액과 현재의 순이익 사이에 양(+)의 상관관계가 존재하며, 전년도의 배당지급액과의 사이에 음(-)의 상관관계가 존재함을 알 수 있다.

이와 같은 사실은 현재의 이익수준이 높을수록 배당을 상대적으로 많이 상향 조정하는 한편 직전년도의 배당수준이 높을수록 배당을 상대적으로 적게 상향 조정한다는 것을 의미한다. 이와 같은 사실은 현재의 이익수준 이외에 다른 요인이 배당정책에 영향을 미치고 있음을 의미한다.

2. 미래의 이익수준

자본구조의 신호이론에서 설명한 것처럼 기업의 미래 이익전망에 대한 유리한 내부정보를 소유하고 있는 내부경영자들은 이와 같은 내부정보를 시장에 알리기 위한 신호의 수단으로 부채정책이나 배당정책을 이용한다. 배당의 신호이론에 의하면 배당증가는 그 기업의 순이익이 장기적으로 증가할 것이라는 경영자의 확신을 나타내는 신호(signal)가 되기 때문에 시장에서 유리한 뉴스(good news)로 작용한다. 한편 배당감소는 그 기업의 순이익이 장기적으로 감소할 것이라는 경영자의 확신을 전달하는 신호가 되기 때문에 시장에서 불리한 뉴스(bad news)로 작용한다.

3. 배당의 안정성

Lintner(1956)의 면담조사에서 볼 수 있는 것처럼 대부분의 경영자들은 미래의 이익전망에 대한 확신이 없는 한 배당성향을 조정하지 않는 것으로 알려지고 있다. 따라서 많은 이익이 실현되었다고 하더라도 지속적으로 실현된다는 확신이 없는 한 이익수준과 관계없이 일정한 배당수준을 유지하는 안정적인 배당정책을 선택할 것이다.

이와 같은 안정적인 배당정책은 주주들에게 안정된 소득을 제공할 수 있을 뿐만 아니라 기업의 공신력을 높일 수 있는 이점이 있다.

4. 법률상의 제약

우리나라의 상법에서는 주주의 유한책임으로부터 채권자와 기업의 이해관계자들을 보호하기 위하여 배당지급범위를 제한하고 있다. 배당지급의 원칙에는 자본유지의 원칙, 순이익의 원칙과 지급불능의 원칙 등이 있다. 자본유지의 원칙(capital impairment rule)은 자본준비금이나 이익준비금 등 법정준비금으로 배당을 지급할 수 없다는 원칙을 말하며, 순이익의 원칙(net profit rule)은 이익잉여금에서 이익준비금을 공제한 범위에서 배당을 지급해야 한다는 원칙을 말한다. 한편 지급불능의 원칙(insolvency rule)은 총부채가 총자산을 초과하는 경우에는 배당을 지급해서는 안 된다는 원칙을 말한다. 상법 제426조에서는 재무상태표의 순자산액의 범위에서 자본금, 자본준비금과 이익준비금을 공제한 범위에서 배당을 지급할 수 있다고 규정하고 있다.

5. 유동성

유동성(liquidity)은 단기채무를 상환할 수 있는 정도를 의미한다. 단기 채무를 상환할 수 있는 정도는 기업이 보유하고 있는 준현금자산에 따라 좌우된다. 배당은 현금유출을 수반하기 때문에 현금동원능력이 취약한 기업이 현금으로 배당을 지급하게 되면 유동성이 악화되어 단기채무를 상환할 수 없는 상황에 빠질 수도 있다. 따라서 유동성이 낮은 기업에서는 배당을 상대적으로 적게 지급하는 경향이 있는 반면에 유동성이 높은 기업에서는 배당을 상대적으로 많이 지급하는 경향이 있다.

6. 사채계약서의 제한조항

기업이 사채를 발행하거나 금융기관에서 자금을 차입하는 경우 채권자의 요구에 따라 사채계약서 상에 배당지급에 대한 제한조항을 명기하는 경우가 있다.

Smith-Warner(1979)는 미국의 증권관리위원회에 등록된 공모사채 중 87개를 무작위로 선정하여 사채계약서 상의 제한조항을 분석하였다. 이들은 표본기업의 90.8%가 신규사채발행을 제한하였으며, 23%가 배당지급을 제한하였고, 39.1%가 합병활동을 그리고 35.6%가 자산처분활동을 제한하고 있었다는 사실을 발견하였다.

7. 신규투자기회

수익성이 있는 투자기회가 많을수록 자금조달의 필요성이 높아지며, 사채 또는 보통주를 발행하여 투자자금을 조달할 때 상당한 발행비용을 부담해야 한다. 그러나 투자자금을 유보이익으로 충당할 때는 발행비용을 부담하지 않아도 될 뿐만 아니라 부의 이전가능성이 없기 때문에 사채나 보통주를 발행하여 투자자금을 조달하는 것보다 유리할 것이다. 배당의 잔여이론(residual theory of dividend)은 이와 같은 논리에 근거를 두고 있다. 배당의 잔여이론에 의하면 신규투자수익률이 자본비용보다 높은 경우에는 투자자금을 순이익으로 충당하고도 남는 잔여이익의 범위에서 배당을 지급하는 것이 주주에게 유리하다는 것이다.

8. 개인소득세율의 구조

배당소득세율이 자본차익세율보다 높다면 현금배당보다 주식재매입이 주주의 입장에서 더 유리할 것이다. 현실적인 관점에서 보면 배당소득에 대해서는 누진세율이 적용되고 있지만 자본차익에 대하여는 소득세를 지불하지 않아도 되기 때문에 이와 같은 세율구조가 배당정책에 영향을 미칠 것이다. 따라서 소액주주비율이 높은 기업에서는 배당이 상대적으로 높은 수준에서 유지하려 할 것이며, 소액주주비율이 낮은 기업에서는 배당이 상대적으로 낮은 수준에서 유지하려 할 것이다.

제4절 배당정책이론(MM의 배당무관련이론)

배당지급이 주주의 부에 의미 있는 영향을 미치는가는 학계에서 끊임없이 논란의 대상이 되고 있는 문제 중 하나이다. 주주의 입장에서 보면 배당은 기업으로부터 받는 현금흐름에 해당된다. 따라서 기업이 배당을 많이 지급할수록 주주의 현금흐름이 증가하기 때문에 주주의 부에 의미 있는 영향을 미친다고 주장할 수 있다. 그러나 MM은 완전시장에서 기업이 배당을 많이 지급하든 적게 지급하든 기업가치가 증가하지 않으며 기업가치는 투자정책에 따른 미래의 현금흐름과 영업위험에 따라 좌우된다고 주장하였다.

1. 여러 가지 가정

MM의 "배당정책의 무관련이론"에서 전제하고 있는 가정을 정리하면 다음과 같다.

① 자본시장에는 많은 영세한 투자자들이 거래활동에 참여하고 있으며, 모든 투자자는 이용 가능한 정보를 언제나 자유롭게 얻을 수 있고, 세금이나 거래비용 등 어떠한 장애요인도 존재하지 않는다.
② 모든 투자자들은 1원을 배당소득으로 받거나 자본차익으로 받거나 관계없이 동일한 가치가 있다고 평가한다.
③ 기업의 순이익과 배당을 확실하게 예측할 수 있다.
④ 현금흐름의 할인율은 시간의 경과와 관계없이 일정하다.

⑤ 기업의 미래 현금흐름은 시간의 경과와 관계없이 일정하다.

⑥ 기업은 부채를 사용하지 않으며, 내부금융 또는 보통주를 발행하여 신규투자소요자금과 배당지급재원을 조달한다.

⑤와 ⑥의 가정은 투자정책과 부채정책의 효과를 통제하기 위하여 설정한 가정이다.

기업의 미래 현금흐름이 일정하다고 가정함으로써 투자정책의 효과를 통제할 수 있으며, 부채를 사용하지 않는다고 가정함으로써 부채정책의 효과를 통제할 수 있기 때문이다.

2. 모형의 유도

보통주를 기초에 매입하여 기말에 매각하는 경우에 얻을 수 있는 투자수익률은 식 (6)과 같다.

$$r = \frac{P_1 - P_0 + d_0}{P_0} \tag{6}$$

P_0: 기초주가 P_1: 기말주가
d_0: 금기 주당배당금

그런데 기업의 주당순이익과 배당금을 확실하게 예측할 수 있으며, 자본시장이 완전시장이라고 가정하였다. 따라서 완전시장에서는 투자수익률(r)과 할인율(k_s)이 일치하기 때문에 식 (6)에서 r을 k_s로 대체하여 P_0에 대하여 정리하면 식 (7)과 같다.

$$P_0 = \frac{1}{(1+k_s)}(P_1 + d_0) \tag{7}$$

식 (7)에서 기초의 발행주식수를 n_0라고 하면 기초의 기업가치는 식 (8)과 같다.

$$V_0 = \frac{1}{(1+k_s)} n_0 (P_1 + d_0)$$
$$= \frac{1}{(1+k_s)} (n_0 P_1 + D_0) \quad (8)$$

V_0: 기초 기업가치 n_0: 기초 발행주식수
D_0: 금기 배당금($D_0 = n_0 d_0$) k_s: 자기자본수익률(할인율)

한편 신규투자와 배당지급재원을 순이익과 신규보통주의 발행을 통하여 조달한다고 가정하였다. 따라서 기업의 현금유입과 현금유출 사이에 식 (9)의 관계가 성립한다.

$$I_0 + D_0 = E_0 + \Delta n_0 P_1 \quad (9)$$

I_0: 신규투자액 E_0: 순이익
Δn_0: 신규발행주식수

식 (9)를 보통주발행액에 대하여 정리하면 식 (10)과 같다.

$$\Delta n_0 P_1 = I_0 - (E_0 - D_0) \quad (10)$$

그리고 기초의 발행주식수는 식 (11)과 같다.

$$n_0 = n_1 - \Delta n_0 \quad (11)$$

n_1: 기말의 발행주식수

식 (11)을 식 (8)에 대입하여 정리하면 식 (12)와 같다.

$$V_0 = \frac{1}{(1+k_s)} (n_0 P_1 + D_0)$$
$$= \frac{1}{(1+k_s)} [(n_1 - \Delta n_0) P_1 + D_0]$$
$$= \frac{1}{(1+k_s)} (V_1 - \Delta n_0 P_1 + D_0) \quad (12)$$

식 (10)을 식 (12)에 대입하여 정리하면 식 (13)과 같다.

$$\begin{aligned} V_0 &= \frac{1}{(1+k_s)}(V_1 - \Delta n_0 P_1 + D_0) \\ &= \frac{1}{(1+k_s)}[V_1 - (I_0 - E_0 + D_0) + D_0] \\ &= \frac{1}{(1+k_s)}(V_1 - I_0 + E_0) \qquad (13) \end{aligned}$$

식 (13)에서 볼 수 있는 것처럼 기업가치가 신규투자의 결과 실현되는 미래의 현금흐름에 따라 결정되며, 배당정책에 따라 영향을 받지 않는다.

3. 주주의 배당조정

MM은 "배당정책의 무관련이론"에서 배당정책의 수정이 기업가치에 영향을 미치지 않는다고 주장하였다. 이와 같은 주장은 주주의 배당조정(homemade dividend)의 논리에 근거를 두고 있다. 주주의 배당조정은 자본시장에서 부족한 현금수요를 보충하기 위하여 보통주의 일부를 매각하거나 또는 현금수요에 충당하고 난 잔여배당으로 보통주를 추가로 매입하여 기업의 배당수준을 자신이 원하는 수준으로 자유롭게 조정하는 활동을 말한다. MM은 완전시장에서는 이와 같은 주주의 배당조정이 가능하기 때문에 기업이 배당정책을 통하여 어떠한 효과도 기대할 수 없다고 주장하였다.

제5절 배당정책에 대한 여러 견해

MM이 1961년에 "배당정책의 무관련이론"을 발표한 이후에도 배당정책에 대한 논쟁은 계속되고 있다. 논쟁의 초점은 시장의 불완전성에 집중되고 있다. 예컨대 차별적인 개인소득세율의 구조, 거래비용과 정보의 비대칭성 그

밖에도 배당에 대한 법적 규제, 기업의 유동성과 기업의 수익력 등 여러 요인들이 배당정책에 영향을 미칠 것이다. 그러나 이들 요인의 상호관계가 매우 복잡하기 때문에 분명한 해답을 얻기가 어려운 실정이다.

이들의 연구결과를 정리하면 첫째 낮은 배당성향을 지지하는 견해, 둘째 높은 배당성향을 지지하는 견해와 마지막으로 배당정책의 무관련이론을 지지하는 견해로 구분할 수 있다.

1. 낮은 배당성향을 지지하는 견해

MM은 세금이나 발행비용 등이 존재하지 않는 완전시장을 가정하여 배당정책이 기업가치에 영향을 미치지 않는다는 배당정책의 무관련이론을 제시하였다.

그러나 세금이나 발행비용을 고려한다면 낮은 배당성향을 유지하는 것이 오히려 유리할 것이다. 높은 배당성향을 유지하는 경우에는 주주들의 세금부담이 클 뿐만 아니라 보통주의 발행에 따른 기업의 발행비용 부담이 크기 때문이다. 먼저 차별적인 개인소득세율의 구조에 대하여 설명한 다음에 발행비용에 대하여 살펴보자.

1) 배당의 세금효과

배당의 세금효과(tax effects of dividend)란 배당소득세율이 자본차익세율보다 높은 세율구조에서 기업이 현금배당을 지급하면 주주들의 세금부담이 커지기 때문에 기업가치가 하락하는 효과를 말한다.

Brennan(1970)은 배당소득세율이 자본차익세율보다 높은 세율구조에서 투자자들이 현금배당을 많이 지급하는 주식에 투자할 경우에는 높은 세전수익률을 요구하기 때문에 시장에서 가격이 상대적으로 낮은 수준에서 형성된다고 주장하였다. 그러므로 다른 조건이 동일하고 다만 배당수준이 다른 기업의 보통주가 시장에서 거래되고 있다면 배당을 많이 지급하는 기업의 보통주가 상대적으로 낮은 가격에서 거래될 것이다.

2) 발행비용의 효과

현금배당을 낮게 유지할수록 유리하다는 입장을 지지하는 또 다른 하나의 이유를 발행비용에서 찾을 수 있다. 예컨대 배당성향을 낮은 수준에서 유지하는 경우에는 보통주를 발행하여 자금을 조달하지 않아도 되지만 배당성향을 높은 수준에서 유지할 때는 부족한 배당지급재원을 보통주를 발행하여 조달해야하기 때문에 발행비용을 부담해야 한다. 이와 같은 발행비용이 배당정책에 영향을 미치게 된다.

2. 높은 배당성향을 지지하는 견해

MM의 논리에서 보면 높은 배당성향을 유지하기 위해서는 부족한 재원을 조달하기 위하여 보통주를 발행해야 한다. 그럼에도 불구하고 높은 배당성향을 유지하려는 이유는 무엇일까? 그 이유는 다음과 같은 두 가지 측면에서 설명할 수 있다. 미래의 배당흐름이 일정하더라도 가까운 미래에서 지급되는 배당흐름의 현재가치가 먼 미래에서 지급되는 배당흐름의 현재가치보다 크기 때문에 주주들은 현재의 배당을 선호하며, 따라서 높은 배당성향을 유지하는 기업에 더 많은 가치를 부여한다는 논리이다. 이러한 논리는 기본적으로 현재의 배당에 대한 주주들의 선호와 불확실성의 해소에 근거를 두고 있다. 그러나 이러한 논리는 투자정책의 효과를 적절하게 통제하지 않고 있다는 점에서 한계가 있다. 한편 MM의 논리적 틀에서 보면 정보의 비대칭성에서 그 이유를 찾을 수 있다. 경영자들이 기업의 미래 수익력에 대한 유리한 내부정보를 소유하고 있는 경우 이를 시장에 전달하기 위하여 배당정책을 이용하고자하기 때문이다. 기업이 높은 배당성향을 유지한다는 것은 그와 같은 배당수준을 유지할 수 있을 정도로 충분한 수익력이 뒷받침된다는 것을 의미하기 때문에 높은 배당성향을 갖는 기업의 보통주가 시장에서 높은 가격으로 거래된다는 것이다.

1) '손안에 있는 새'의 논리

미래의 소득보다 현재의 소득을 선호하는 많은 투자자들이 있다. 예컨대 정년퇴직 또는 이혼 이후에 고정된 수익으로 생활하는 사람들은 높은 배당수익률을 갖는 보통주를 선호할 것이다. 그러므로 현재의 많은 현금흐름을 선호하지만 배당수익률이 낮은 보통주를 소유하고 있는 사람들은 보유주식의 일부를 매각하여 부족한 현금수요에 대처해야 하며 반대로 현재의 적은 현금흐름을 선호하지만 높은 배당수익률을 갖는 보통주를 소유하고 있는 사람들은 잔여배당으로 보통주를 추가 매입하여 현금수요에 대처할 것이다. 따라서 현재의 소득을 선호한다는 논리만 가지고는 기업의 배당정책을 설명할 수 없을 것이다.

그러나 Gordon(1959)은 '손안에 있는 새'의 논리(birds-in-hand argument)에서 배당은 확실한 수익이지만 자본차익은 보유주식을 처분할 때 실현되는 불확실한 수익이기 때문에 확실한 배당수익의 가치가 불확실한 자본차익의 가치보다 크기 때문에 배당을 많이 지급할수록 기업가치가 상승한다고 주장하였다.

2) 배당의 정보효과

Bhattacharya(1979)는 배당정책의 신호이론에서 배당의 정보효과가 존재하기 때문에 예상 밖으로 배당이 증가하면 주가가 상승하는 반면 예상 밖으로 배당이 감소하면 주가가 하락한다고 주장하였다.

기업의 미래 이익전망에 대한 유리한 내부정보를 소유하고 있는 경영자들은 배당정책을 통하여 내부정보를 시장에 전달하려고 한다. 왜냐하면 배당을 상향 조정할 때 발생되는 불이익(발행비용의 부담과 세금불이익)을 충분히 상쇄시킬 수 있을 정도로 주가가 상승하기 때문이다. 이와 같은 효과를 배당의 정보효과라고 부른다. 배당의 정보효과에 의하면 예상 밖의 배당의 증가는 시장에서 유리한 뉴스로 받아들여지며, 예상 밖의 배당의 감축은 불리한 뉴스로 작용하게 된다.

한편 배당정책의 신호이론에 의하면 배당지급에 따른 한계신호이득과 한계신호비용이 서로 상쇄되는 수준까지 배당성향을 상향 조정하여 기업가치를 극대화시킬 수 있다. 한계신호비용은 배당성향을 상향조정할 때 배당소득에 대하여 지불해야 하는 주주들의 세금부담과 부족한 재원을 조달할 때 부담해야 하는 발행비용 등을 말하며, 한계신호이득은 배당성향을 상향 조정할 때 그 기업의 장기적인 미래 현금흐름에 대한 투자자들의 기대가 개선됨에 따라 주가가 상승하는 효과를 말한다.

3. 배당의 무관련성을 지지하는 견해

차별적인 개인소득세율을 고려하더라도 배당정책이 기업가치에 영향을 미치지 않는다고 주장하는 견해는 배당의 고객효과에서 근거를 찾고 있다. MM은 배당의 고객효과(clientele effects of dividend)를 통하여 차별적인 세율이 존재하더라도 배당지급이 기업가치에 영향을 미치지 않는다고 주장하였다. 배당의 고객효과는 차별적인 세율구조가 존재하더라도 소득수준에 따라 특정한 배당성향을 선호하는 투자자들이 독립적인 시장을 갖고 있기 때문에 배당지급이 기업가치에 영향을 미치지 않는 효과를 말한다.

배당의 고객효과에 의하면 소득수준에 따라 투자자들의 개인소득세율이 다를 뿐만 아니라 배당소득에 대한 선호도가 다르기 때문에 소득수준이 높은 투자자는 낮은 배당성향을 갖는 주식에 투자하는 반면 소득수준이 낮은 투자자는 높은 배당성향을 갖는 주식에 투자할 것이다. 이 경우 특정 배당성향만을 선호하는 투자자들이 독립된 시장을 형성하고 있는데 이와 같은 투자자 집단을 고객집단이라고 부른다.

예컨대 특정 배당성향만을 선호하는 독립적인 시장에서 초과수요가 존재하는 경우에는 모든 기업들이 기업가치를 극대화하기 위하여 수요와 공급이 일치하는 수준까지 배당성향을 상향 조정할 것이다. 이러한 과정을 거쳐 모든 기업의 배당성향이 투자자들이 요구하는 배당성향과 일치하는 상태에서 시장균형이 유지되며, 이와 같은 균형시장에서는 전체기업의 배당액이 일정하기 때문에 어느 한 기업이 배당성향을 상향 조정하면 다른 기업에서는 배당성향을 하향 조정해야 한다.

따라서 배당성향을 상향 조정하는 기업에서는 소득수준이 높은 주주들 대신에 소득수준이 낮은 주주들로 대체되는 반면 배당을 하향 조정하는 기업에서는 소득수준이 낮은 주주들 대신에 소득수준이 높은 주주들로 대체되는 변화를 가져오게 된다. 그러므로 차별적인 개인소득세율이 존재하더라도 특정 배당성향만을 선호하는 독립적인 고객집단이 존재하기 때문에 배당지급이 기업가치에 영향을 미치지 않는다. 이와 같은 논리에서 보면 소득수준이 높은 주주들로 구성되어 있는 기업에서는 낮은 배당성향을 유지하려고 하는 반면 소득수준이 낮은 주주들로 구성되어 있는 기업에서는 높은 배당성향을 유지하려고 할 것이다.

요약

1. 배당이란 주주들에게 배분하는 출자금액에 대한 보수를, 배당정책은 당기 순이익을 배당과 유보이익으로 적절히 배분하는 의사결정을 의미한다.
2. 배당에서는 ① 배당을 하는 것이 좋은가? 아니면 유보하는 것이 좋은가? ② 왜 배당을 지급하는가? ③ 배당의 많고 적음이 기업가치(또는 주가)에 영향을 미치는가? 라는 물음을 통해 배당과 기업가치와의 관계에 관심을 두고 있다.
3. 기존연구에서는 완전시장에서는 배당과 기업가치는 관계가 없지만, 불완전시장에서는 불완전성에 따른 효과에 따라 다르며, 이에 고배당 선호와 저배당 선호이론으로 대별된다.
4. MM의 배당정책이론은 완전시장하에 배당정책과 기업가치는 무관함을 주장하고 있으며, MM 이후의 배당정책이론은 주로 불완전한 자본시장하에서의 배당정책으로 집약되어, MM의 배당무관련성이론이 불완전한 시장요인이 도입될 경우 어떻게 변할 것인가를 설명하고자 하였다.
   ① 배당이 기업가치를 감소시킨다는 요인으로는 세금, 발행비용, 배당의 제약 등을, ② 배당이 기업가치를 증가시킨다는 요인으로는 배당의 정보전달 효과, 에이전시이론, 현재수입에 대한 선호와 미래 불확실성의 감소 등을 제시하고 있다.
5. 배당정책 결정시에는 배당의 잔여이론, 배당의 안정화, 그리고 여러 기타 고려요인을 살펴보고, 배당정책에 대한 실증결과 역시 참고할 수 있어야 한다.

연습문제

OX 문제

1. MM의 배당무관련이론은 배당이 투자결정과 자본조달결정에는 영향을 미치지 못한다고 가정한다.
2. 손 안의 새 이론에 의하면 투자자들은 고배당을 선호한다.

객관식

1. 배당이론에 대한 다음 설명 중 틀린 것은?
   ① MM의 배당무관련이론은 배당이 투자결정과 자본조달결정에는 영향을 미치지 못한다고 가정한다.
   ② 배당소득세가 자본이득세보다 높다면 투자자들은 고배당을 선호한다.
   ③ 대리비용이론에 의하면 높은 배당은 자본시장에 의한 감시활동을 증대시키고 기업의 대리인비용을 줄이며, 이에 따라 기업의 가치가 향상된다.
   ④ 신호이론에 의하면 예상치 못한 배당의 증가는 기업의 수익에 대한 경영자의 전망이 낙관적이라는 것을 나타내게 된다.

2. MM의 배당이론에 대한 다음 설명 중 틀린 것은?
   ① 자본시장이 완전한 경우 기업의 순이익이 알려지면 주식의 가치는 주당 순이익의 현재가치만큼 증가한다.
   ② 배당이 지급되는 경우에는 배당지급액만큼 주가가 하락하고, 이익을 내부 유보하는 경우에는 유보이익의 금액만큼 주가가 상승한다.
   ③ 기업의 배당지급액에 관계없이 주주들은 원하는 만큼의 배당액을 시장에서 주식매각과 매입을 통해서 스스로 달성할 수 있다.

④ 주주들은 사내유보로 기대되는 미래의 불확실한 배당 또는 불확실한 자본소득보다는 확실한 소득인 현재의 배당을 선호한다.

3. 다음 중 저배당선호이론은?
① 고든의 손 안의 새이론
② MM이론
③ 배당의 정보전달효과
④ 세율선호이론

4. 다음 중 고배당선호이론은?
① 신호효과
② 자본조달비용의 절감
③ 기업재무구조의 개선
④ 세율의 차이

5. 기업에서 배당정책결정시 고려해야 할 요인이 아닌 것은?
① 기업의 이익수준 및 법률상의 제한
② 기업의 유동성
③ 경영자의 성향
④ 기업의 미래투자기회 및 투자시 소요자본조달 가능성

주관식

1. 배당정책의 결정요인에 대하여 설명하시오.

2. MM의 배당정책이론에 대하여 설명하시오.

3. 서울(주)의 발행주식수는 100,000주, 주가는 10,000원, 순이익은 4억원이고, 모든 자금을 자기자본으로 조달하고 있으며, 배당지급재원은 2억원이다.
1) 2억원을 배당으로 지급하는 경우 배당지급이 주주의 부에 어떠한 영향을 미치는가?

2) 배당지급재원 2억원으로 자기회사의 주식을 재매입하는 경우 주식재매입이 주주의 부에 어떠한 영향을 미치는가?
3) 2억원을 배당으로 지급하지 않고 주당 0.25주의 비율로 주식배당을 하는 경우 주식배당이 주주의 부에 어떠한 영향을 미치는가?

4. 강남(주)는 5억원을 현금으로 보유하고 있는 한편 10억원을 신규투자안에 투자해야 한다. 배당의 잔여이론에 기초하여 다음 물음에 답하시오.

1) 투자소요액을 부채와 자기자본으로 각각 50%씩 조달한다면 얼마까지 배당으로 지급할 수 있는가?
2) 투자소요자금을 모두 부채로 조달한다면 얼마까지 배당을 지급할 수 있는가?

부 록

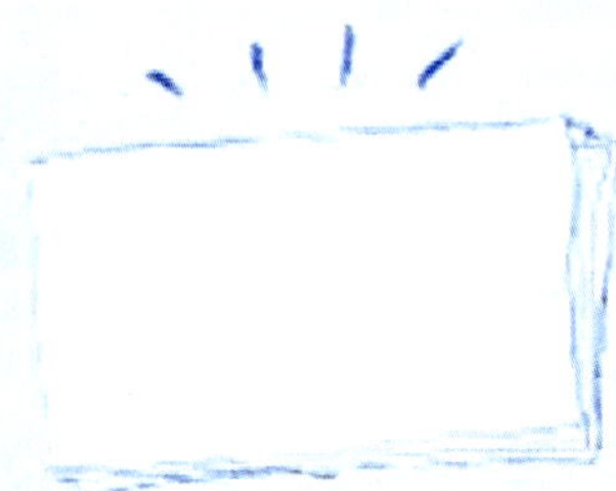

〈부표 1〉 미래가치계수표($FVIF_{r\%,\ n} = (1+r)^n$)

(연초에 1원을 연리 r%로 복리투자할 때 n년 후의 미래가치)

n/r	1.0	2.0	3.0	4.0	5.0
1	1.01000	1.02000	1.03000	1.04000	1.05000
2	1.02010	1.04040	1.06090	1.08160	1.10250
3	1.03030	1.06121	1.09273	1.12486	1.15762
4	1.04060	1.08243	1.12551	1.16986	1.21551
5	1.05101	1.10408	1.15927	1.21665	1.27628
6	1.06152	1.12616	1.19405	1.26532	1.34010
7	1.07214	1.14869	1.22987	1.31593	1.40710
8	1.08286	1.17166	1.26677	1.36857	1.47746
9	1.09369	1.19509	1.30477	1.42331	1.55133
10	1.10462	1.21899	1.34392	1.48024	1.62889
11	1.11567	1.24337	1.38423	1.53945	1.71034
12	1.12682	1.26824	1.42576	1.60103	1.79586
13	1.13809	1.29361	1.46853	1.66507	1.88565
14	1.14947	1.31948	1.51259	1.73168	1.97993
15	1.16097	1.34587	1.55797	1.80094	2.07893
16	1.17258	1.37279	1.60471	1.87298	2.18287
17	1.18430	1.40024	1.65285	1.94790	2.29202
18	1.19615	1.42825	1.70243	2.02582	2.40662
19	1.20811	1.45681	1.75351	2.10685	2.52695
20	1.22019	1.48595	1.80611	2.19112	2.65330

n/r	6.0	7.0	8.0	9.0	10.0
1	1.06000	1.07000	1.08000	1.09000	1.10000
2	1.12360	1.14490	1.16640	1.18810	1.21000
3	1.19102	1.22504	1.25971	1.29503	1.33100
4	1.26248	1.31080	1.36049	1.41158	1.46410
5	1.33823	1.40255	1.46933	1.53862	1.61051
6	1.41852	1.50073	1.58687	1.67710	1.77156
7	1.50363	1.60578	1.71382	1.82804	1.94872
8	1.59385	1.71819	1.85093	1.99256	2.14359
9	1.68948	1.83846	1.99900	2.17189	2.35795
10	1.79085	1.96715	2.15892	2.36736	2.59374
11	1.89830	2.10485	2.33164	2.58043	2.85312
12	2.01220	2.25219	2.51817	2.81266	3.13843
13	2.13293	2.40984	2.71962	3.06580	3.45227
14	2.26090	2.57853	2.93719	3.34173	3.79750
15	2.39656	2.75903	3.17217	3.64248	4.17725
16	2.54035	2.95216	3.42594	3.97030	4.59497
17	2.69277	3.15881	3.70002	4.32763	5.05447
18	2.85434	3.37993	3.99602	4.71712	5.55992
19	3.02560	3.61653	4.31570	5.14166	6.11591
20	3.20713	3.86968	4.66096	5.60441	6.72750

n/r	11.0	12.0	13.0	14.0	15.0
1	1.11000	1.12000	1.13000	1.14000	1.15000
2	1.23210	1.25440	1.27690	1.29960	1.32250
3	1.36763	1.40493	1.44290	1.48154	1.52087
4	1.51807	1.57352	1.63047	1.68896	1.74901
5	1.68506	1.76234	1.84244	1.92541	2.01136
6	1.87041	1.97382	2.08195	2.19497	2.31306
7	2.07616	2.21068	2.35261	2.50227	2.66002
8	2.30454	2.47596	2.65844	2.85259	3.05902
9	2.55804	2.77308	3.00404	3.25195	3.51788
10	2.83942	3.10585	3.39457	3.70722	4.04556
11	3.15176	3.47855	3.83586	4.22623	4.65239
12	3.49845	3.89598	4.33452	4.81790	5.35025
13	3.88328	4.36349	4.89801	5.49241	6.15279
14	4.31044	4.88711	5.53475	6.26135	7.07570
15	4.78459	5.47356	6.25427	7.13794	8.13706
16	5.31089	6.13039	7.06732	8.13725	9.35762
17	5.89509	6.86604	7.98608	9.27646	10.76126
18	6.54355	7.68996	9.02427	10.57517	12.37545
19	7.26334	8.61276	10.19742	12.05569	14.23177
20	8.06231	9.64629	11.52309	13.74348	16.36653

n/r	16.0	17.0	18.0	19.0	20.0
1	1.16000	1.17000	1.18000	1.19000	1.20000
2	1.34560	1.36890	1.39240	1.64160	1.44000
3	1.56090	1.60161	1.64303	1.68516	1.72800
4	1.81064	1.87389	1.93878	2.00534	2.07390
5	2.10034	2.19245	2.28776	2.38635	2.48832
6	2.43640	2.56516	2.69955	2.83976	2.98598
7	2.82622	3.00124	3.18547	3.37931	3.58318
8	3.27841	3.51145	3.75886	4.02138	4.29982
9	3.80296	4.10840	4.43545	4.78545	5.15978
10	4.41143	4.80683	5.23383	5.69468	6.19173
11	5.11726	5.62399	6.17592	6.77667	7.43008
12	5.93603	6.58007	7.28759	8.06424	8.91610
13	6.88579	7.69868	8.59936	9.59645	10.69932
14	7.98752	9.00745	10.14724	11.41977	12.83918
15	9.26552	10.53872	11.97374	13.58953	15.40701
16	10.74800	12.33030	14.12902	16.17154	18.48842
17	12.46768	14.42645	16.67224	19.24413	22.18610
18	14.46251	16.87895	19.67324	22.90051	26.62332
19	16.77651	19.74837	23.21443	27.25161	31.94798
20	19.46075	23.10559	27.39302	32.42941	38.33758

n/r	21.0	22.0	23.0	24.0	25.0
1	1.21000	1.22000	1.23000	1.24000	1.25000
2	1.46410	1.48840	1.51290	1.53760	1.56250
3	1.77156	1.81585	1.86087	1.90662	1.95312
4	2.14359	2.21533	2.28887	2.36421	2.44141
5	2.59374	2.70271	2.81531	2.93162	3.05176
6	3.13843	3.29730	3.46283	3.63521	3.81470
7	3.76750	4.02271	4.25928	4.50767	4.76837
8	4.59497	4.90771	5.23891	5.58951	5.96046
9	5.55992	5.98740	6.44386	6.93099	7.45058
10	6.72750	7.30463	7.92594	8.59442	9.31322
11	8.14027	8.91165	9.74891	10.65708	11.64153
12	9.84973	10.87221	11.99116	13.21478	14.55191
13	11.91817	13.26410	14.74913	16.38633	18.18989
14	14.42099	16.18221	18.14143	20.31905	22.73736
15	17.44940	19.74228	22.31395	25.19562	28.42170
16	21.11377	24.08558	27.44616	31.24257	35.52712
17	25.54766	29.38441	33.75878	38.74078	44.40890
18	30.91627	35.84897	41.52330	48.03857	55.51113
19	37.40433	43.73575	51.07365	59.56783	69.38891
20	45.25924	53.35761	62.82059	73.86410	86.73613

n/r	26.0	27.0	28.0	29.0	30.0
1	1.26000	1.27000	1.28000	1.29000	1.30000
2	1.58760	1.61290	1.63840	1.66410	1.69000
3	2.00038	2.04838	2.09715	2.14669	2.19700
4	2.52047	2.60145	2.68435	2.76923	2.85610
5	3.17580	3.30384	3.43597	3.57230	3.71293
6	4.00150	4.19587	4.39805	4.60827	4.82681
7	5.04189	5.32876	5.62950	5.94467	6.27485
8	6.35279	6.76752	7.20576	7.66863	8.15730
9	8.00451	8.59475	9.22337	9.39253	10.60450
10	10.08568	10.91533	11.80591	12.76136	13.78584
11	12.70796	13.86247	15.11157	16.46215	17.92160
12	16.01203	17.60534	19.34280	21.23618	23.29807
13	20.17515	22.35878	24.75879	27.39467	30.28749
14	25.42069	28.39565	31.69125	35.33912	39.37374
15	32.03007	36.06248	40.56480	45.58746	51.18586
16	40.35789	45.79935	51.92294	58.80783	66.54161
17	50.85094	58.16517	66.46136	75.86209	86.50410
18	64.07218	73.86976	85.07053	97.89210	112.45532
19	80.73095	93.81460	108.89028	126.24210	146.19191
20	101.72099	119.14453	139.37955	162.85230	190.04947

〈부표 2〉 연금의 미래가치계수표 $\left[FVIFA_{r\%,\,n} = \frac{(1+r)^n - 1}{r}\right]$

(매 연말에 1원씩을 연리 r%로 복리투자할 때 n년 후의 미래가치)

n/r	1.0	2.0	3.0	4.0	5.0
1	1.00000	1.00000	1.00000	1.00000	1.00000
2	2.01000	2.02000	2.03000	2.04000	2.05000
3	3.03010	3.06040	3.09090	3.12160	3.15250
4	4.06040	4.12161	4.18363	4.24646	4.31012
5	5.10100	5.20404	5.30914	5.41632	5.52563
6	6.15201	6.30812	6.46841	6.63298	6.80191
7	7.21353	7.43428	7.66246	7.89829	8.14201
8	8.28567	8.58297	8.89234	9.21423	9.54911
9	9.36853	9.75463	10.15911	10.58279	11.02656
10	10.46221	10.94972	11.46388	12.00611	12.57789
11	11.56683	12.16871	12.80779	13.48635	14.20679
12	12.68250	13.41209	14.19203	15.02580	15.91713
13	13.80933	14.68033	15.61779	16.62684	17.71298
14	14.94742	15.97394	17.08632	18.29191	19.59863
15	16.09689	17.29342	18.59891	20.02359	21.57856
16	17.25786	18.63928	20.15688	21.82453	23.65749
17	18.43044	20.01207	21.76158	23.69751	25.84036
18	19.61474	21.41231	23.41443	25.64541	28.13238
19	20.81089	22.84056	25.11686	27.67123	30.53900
20	22.01900	24.29737	26.87037	29.77807	33.06595

n/r	6.0	7.0	8.0	9.0	10.0
1	1.00000	1.00000	1.00000	1.00000	1.00000
2	2.06000	2.07000	2.08000	2.09000	2.10000
3	3.18360	3.21490	3.24640	3.27810	3.31000
4	4.37462	4.43994	4.50611	4.57313	4.64100
5	5.63709	5.75074	5.86660	5.98471	6.10510
6	6.97532	7.15329	7.33593	7.52333	7.71561
7	8.39384	8.65402	8.92280	9.20043	9.48717
8	9.89747	10.25980	10.63668	11.02847	11.43589
9	11.49132	11.97799	12.48756	13.02104	13.57948
10	13.18079	13.81645	14.48656	15.19293	15.93742
11	14.97164	15.78360	16.64549	17.56029	18.53117
12	16.86994	17.88845	18.97713	20.14072	21.38428
13	18.88214	20.14064	21.49530	22.95338	24.52271
14	21.01506	22.55049	24.21492	26.01919	27.97498
15	23.27597	25.12902	27.15211	29.36091	31.77248
16	25.67252	27.88805	30.32428	33.00339	35.94973
17	28.21287	30.84021	33.75022	36.97370	40.54470
18	30.90565	33.99903	37.45024	41.30133	45.59917
19	33.75998	37.37896	41.44662	46.01845	51.15908
20	36.78558	40.99549	45.76196	51.16011	57.27499

n/r	11.0	12.0	13.0	14.0	15.0
1	1.00000	1.00000	1.00000	1.00000	1.00000
2	2.11000	2.12000	2.13000	2.14000	2.15000
3	3.34210	3.37440	3.40690	3.43960	3.47250
4	4.70973	4.77933	4.84980	4.92114	4.99337
5	6.22780	6.35285	6.48027	6.61010	6.74238
6	7.91286	8.11519	8.32271	8.53552	8.75374
7	9.78327	10.08901	10.40466	10.73049	11.06680
8	11.85943	12.29969	12.75726	13.23276	13.72682
9	14.16397	14.77566	15.41571	16.08535	16.78584
10	16.72201	17.54873	18.41975	19.33729	20.30372
11	19.56143	20.65458	21.81432	23.04451	24.34927
12	22.71318	24.13313	25.65018	27.27074	29.00166
13	26.21163	28.02911	29.98470	32.08865	24.35191
14	30.09491	32.39260	34.88271	37.58106	40.50470
15	34.40535	37.27971	40.41746	43.84241	47.58041
16	39.18994	42.75327	46.67173	50.98034	55.71747
17	44.50083	48.88367	53.73906	59.11759	65.07508
18	50.39592	55.74971	61.72513	68.39405	75.83635
19	56.93947	63.43967	70.74940	78.96922	88.21180
20	64.20282	72.05243	80.94682	91.02491	102.44357

n/r	16.0	17.0	18.0	19.0	20.0
1	1.00000	1.00000	1.00000	1.00000	1.00000
2	2.16000	2.17000	2.18000	2.19000	2.20000
3	3.50560	3.53890	3.57240	3.60610	3.64000
4	5.06650	5.14051	5.21543	5.29126	5.36800
5	6.87714	7.01440	7.15421	7.29660	7.44160
6	8.97748	9.20685	9.44197	9.68295	9.92992
7	11.41387	11.77201	12.14152	12.52271	12.91590
8	14.24009	14.77325	15.32699	15.90203	16.49908
9	17.51851	18.28471	19.08585	19.92341	20.79890
10	21.32147	22.39311	23.52131	24.70886	25.95868
11	25.73290	27.19993	28.75514	30.40354	32.15041
12	30.85016	32.82392	34.93106	37.18021	39.58049
13	36.78619	39.40399	42.21865	45.24445	48.49659
14	43.67198	47.10266	50.81801	54.84090	59.19591
15	51.65949	56.11012	60.96525	66.26067	22.03509
16	60.92501	66.64883	72.93899	79.85019	87.44210
17	71.67301	78.97913	87.06801	96.02173	105.93052
18	84.14069	93.40559	103.74025	115.26585	128.11662
19	98.60320	110.28453	123.41349	138.16636	154.73994
20	115.37971	130.03290	146.62792	165.41797	186.68792

n/r	21.0	22.0	23.0	24.0	25.0
1	1.00000	1.00000	1.00000	1.00000	1.00000
2	2.21000	2.22000	2.23000	2.24000	2.25000
3	3.67410	3.70840	3.74290	3.77760	3.81250
4	5.44566	5.52425	5.60377	5.68422	5.76562
5	7.58925	7.73958	7.89263	8.04844	8.20703
6	10.18299	10.44229	10.70794	10.98006	11.25879
7	13.32142	13.73959	14.17076	14.61528	15.07348
8	17.11892	17.76230	18.43004	19.12294	19.84186
9	21.71389	22.67001	23.66895	24.71245	25.80232
10	27.27381	28.65741	30.11280	31.64343	33.25290
11	34.00130	35.96204	38.03875	40.23786	42.56612
12	42.14158	44.87369	47.78766	50.89494	54.20765
13	51.99131	55.74590	59.77882	64.10972	68.75956
14	63.90948	69.00999	74.52795	80.49605	86.94945
15	78.33047	85.19219	92.66937	100.81510	109.68680
16	95.77987	104.93447	114.98332	126.01072	138.10850
17	116.89364	129.02004	142.42948	157.25329	173.63562
18	142.44130	158.40445	176.18826	195.99407	218.04452
19	173.35396	194.25342	217.71155	244.03264	273.55564
20	210.75829	237.98917	268.78520	303.60047	342.94455

n/r	26.0	27.0	28.0	29.0	30.0
1	1.00000	1.00000	1.00000	1.00000	1.00000
2	2.26000	2.27000	2.28000	2.29000	2.30000
3	3.84760	3.88290	3.91840	3.95410	3.99000
4	5.84798	5.93128	6.01555	6.10079	6.18700
5	8.36845	8.53273	8.69991	8.87002	9.04310
6	11.54425	11.83657	12.13588	12.44232	12.75603
7	15.54575	16.03244	16.53392	17.05059	17.58284
8	20.58764	21.36119	22.16342	22.99527	23.85769
9	26.94043	28.12872	29.36918	30.66389	32.01499
10	34.94494	36.72347	38.59255	40.55642	42.61949
11	45.03062	47.63880	50.39846	53.31778	56.40533
12	57.73858	61.50128	65.51003	69.77993	74.32693
13	73.75061	79.10662	84.85283	91.01611	97.62500
14	93.82576	101.46541	109.61162	118.41078	127.91249
15	119.34646	129.86106	141.30286	153.74990	167.28623
16	151.37653	165.92354	181.86766	199.33736	218.47210
17	191.73442	211.72289	233.79059	258.14518	285.01371
18	242.58536	269.88806	300.25195	334.00727	371.51781
19	306.65755	343.75783	385.32248	431.86937	483.97313
20	387.38850	437.57243	464.21275	558.11147	630.16504

〈부표 3〉 현재가치계수표 $\left[PVIF_{r\%,\,n}=\frac{1}{(1+r)^n}\right]$

(n년 후의 1원을 연리 r%로 복리할인할 때의 현재가치)

n/r	1.0	2.0	3.0	4.0	5.0
1	0.99010	0.98039	0.97087	0.96154	0.95238
2	0.98030	0.96117	0.94260	0.92456	0.90703
3	0.97059	0.94232	0.91514	0.88900	0.86384
4	0.96098	0.92385	0.88849	0.85480	0.82270
5	0.95147	0.90573	0.86261	0.82193	0.78353
6	0.94205	0.88797	0.83748	0.79031	0.74622
7	0.93272	0.87056	0.81309	0.75992	0.71068
8	0.92348	0.85349	0.78941	0.73069	0.67684
9	0.91434	0.83676	0.76642	0.70259	0.64461
10	0.90529	0.82035	0.74409	0.67556	0.61391
11	0.89632	0.80426	0.72242	0.64958	0.58468
12	0.88745	0.78849	0.70138	0.62460	0.55684
13	0.87866	0.77303	0.68095	0.60057	0.53032
14	0.86996	0.75788	0.66112	0.57748	0.50507
15	0.86135	0.74301	0.64186	0.55526	0.48102
16	0.85282	0.72845	0.62317	0.53391	0.45811
17	0.84438	0.71416	0.60502	0.51337	0.43630
18	0.83602	0.70016	0.58739	0.49363	0.41552
19	0.82774	0.68643	0.57029	0.47464	0.39573
20	0.81954	0.67297	0.55368	0.45639	0.37689

n/r	6.0	7.0	8.0	9.0	10.0
1	0.94340	0.93458	0.92593	0.91743	0.90909
2	0.89000	0.87344	0.85734	0.84168	0.82645
3	0.83962	0.81630	0.79383	0.77218	0.75131
4	0.79209	0.76290	0.73503	0.70843	0.68301
5	0.74726	0.71299	0.68058	0.64993	0.62092
6	0.70496	0.66634	0.63017	0.59627	0.56447
7	0.66506	0.62275	0.58349	0.54703	0.51316
8	0.62741	0.58201	0.54027	0.50187	0.46651
9	0.59190	0.54393	0.50025	0.46043	0.42410
10	0.55839	0.50835	0.46319	0.42241	0.38554
11	0.52679	0.47509	0.42888	0.38753	0.35049
12	0.49697	0.44401	0.39711	0.35553	0.31863
13	0.46884	0.41496	0.36770	0.32618	0.28966
14	0.44230	0.38782	0.34046	0.29925	0.26333
15	0.41727	0.36245	0.31524	0.27454	0.23939
16	0.39365	0.33873	0.29189	0.25187	0.21763
17	0.37136	0.31657	0.27027	0.23107	0.19784
18	0.35034	0.29586	0.25025	0.21199	0.17986
19	0.33051	0.27651	0.23171	0.19449	0.16351
20	0.31180	0.25842	0.21455	0.17843	0.14864

n/r	11.0	12.0	13.0	14.0	15.0
1	0.90090	0.89286	0.88496	0.87719	0.86957
2	0.81162	0.79719	0.78315	0.76947	0.75614
3	0.73119	0.71178	0.69305	0.67497	0.65752
4	0.65873	0.63552	0.61332	0.59203	0.57175
5	0.59345	0.56743	0.54276	0.51937	0.49718
6	0.53464	0.50663	0.48032	0.45559	0.43233
7	0.48166	0.45235	0.42506	0.39964	0.37594
8	0.43393	0.40388	0.37616	0.35056	0.32690
9	0.39092	0.36061	0.33288	0.30751	0.28426
10	0.35218	0.32197	0.29459	0.26974	0.24718
11	0.31728	0.28748	0.26070	0.23662	0.21494
12	0.28584	0.25668	0.23071	0.20756	0.18691
13	0.25751	0.22917	0.20416	0.18207	0.16253
14	0.23199	0.20462	0.18068	0.15971	0.14133
15	0.20900	0.18270	0.15989	0.14010	0.12289
16	0.18829	0.16312	0.14150	0.12289	0.10686
17	0.16963	0.14564	0.12522	0.10780	0.09293
18	0.15282	0.13004	0.11081	0.09456	0.08081
19	0.13768	0.11611	0.09806	0.08295	0.07027
20	0.12403	0.10367	0.08678	0.07276	0.06110

n/r	16.0	17.0	18.0	19.0	20.0
1	0.86207	0.85470	0.84746	0.84034	0.83333
2	0.74316	0.73051	0.71818	0.70616	0.69444
3	0.64066	0.62437	0.60863	0.59342	0.57870
4	0.55229	0.53365	0.51579	0.49867	0.48225
5	0.47611	0.45611	0.43711	0.41905	0.40188
6	0.41044	0.38984	0.37043	0.35214	0.33490
7	0.35383	0.33320	0.31393	0.29592	0.27908
8	0.30503	0.28478	0.26604	0.24867	0.23257
9	0.26295	0.24340	0.22546	0.20897	0.19381
10	0.22668	0.20804	0.19106	0.17560	0.16151
11	0.19542	0.17781	0.16192	0.14757	0.13459
12	0.16846	0.15197	0.13722	0.12400	0.11216
13	0.14523	0.12989	0.11629	0.10421	0.09346
14	0.12520	0.11102	0.09855	0.08757	0.07789
15	0.10793	0.09489	0.08352	0.07359	0.06491
16	0.09304	0.08110	0.07078	0.06184	0.05409
17	0.08021	0.06932	0.05998	0.05196	0.04507
18	0.06914	0.05925	0.05083	0.04367	0.03756
19	0.05961	0.05064	0.04308	0.03670	0.03130
20	0.05139	0.04328	0.03651	0.03084	0.02608

n/r	21.0	22.0	23.0	24.0	25.0
1	0.82645	0.81967	0.81301	0.80645	0.80000
2	0.68301	0.67186	0.66098	0.65036	0.64000
3	0.56447	0.55071	0.53738	0.52449	0.51200
4	0.46651	0.45140	0.43690	0.42297	0.40960
5	0.38554	0.37000	0.35520	0.34111	0.32768
6	0.31863	0.30328	0.28878	0.27509	0.26214
7	0.26333	0.24859	0.23478	0.22184	0.20972
8	0.21763	0.20376	0.19088	0.17891	0.16777
9	0.17986	0.16702	0.15519	0.14428	0.13422
10	0.14864	0.13690	0.12617	0.11635	0.10737
11	0.12285	0.11221	0.10258	0.09383	0.08590
12	0.10153	0.09198	0.08339	0.07567	0.06872
13	0.08391	0.07539	0.06780	0.06103	0.05498
14	0.06934	0.06180	0.05512	0.04921	0.04398
15	0.05731	0.05065	0.04482	0.03969	0.03518
16	0.04736	0.04152	0.03643	0.03201	0.02815
17	0.03914	0.03403	0.02962	0.02581	0.02252
18	0.03235	0.02789	0.02408	0.02082	0.01801
19	0.02673	0.02286	0.01958	0.01679	0.01441
20	0.02209	0.01874	0.01592	0.01354	0.01153

n/r	26.0	27.0	28.0	29.0	30.0
1	0.79365	0.78740	0.78125	0.77519	0.76923
2	0.62988	0.62000	0.61035	0.60093	0.59172
3	0.49991	0.48819	0.47684	0.46583	0.45517
4	0.39675	0.38440	0.37253	0.36111	0.35013
5	0.31488	0.30268	0.29104	0.27993	0.26933
6	0.24991	0.23833	0.22737	0.21700	0.20718
7	0.19834	0.18766	0.17764	0.16822	0.15937
8	0.15741	0.14776	0.13878	0.13040	0.12259
9	0.12493	0.11635	0.10842	0.10109	0.09430
10	0.09915	0.09161	0.08470	0.07836	0.07254
11	0.07869	0.07214	0.06617	0.06075	0.05580
12	0.06245	0.05680	0.05170	0.04709	0.04292
13	0.04957	0.04473	0.04039	0.03650	0.03302
14	0.03934	0.03522	0.03155	0.02830	0.02540
15	0.03122	0.02773	0.02465	0.02194	0.01954
16	0.02478	0.02183	0.01926	0.01700	0.01503
17	0.01967	0.01719	0.01505	0.01318	0.01156
18	0.01561	0.01354	0.01175	0.01022	0.00889
19	0.01239	0.01066	0.00918	0.00792	0.00684
20	0.00983	0.00839	0.00717	0.00614	0.00526

〈부표 4〉 연금의 현재가치계수표$\left[PVIFA_{r\%,\,n}=\frac{1}{r}-\frac{1}{r(1+r)^n}\right]$

(n년 동안에서 매 연말에 실현되는 1원을 연리 r%로 복리할인할 때의 현재가치)

n/r	1.0	2.0	3.0	4.0	5.0
1	0.99010	0.98039	0.97087	0.96154	0.95238
2	1.97039	1.94156	1.91347	1.88609	1.86941
3	2.94098	2.88388	2.82861	2.77509	2.72325
4	3.90197	3.80773	3.71710	3.62990	3.54595
5	4.85343	4.71346	4.57971	4.45182	4.32948
6	5.79548	5.60143	5.41719	5.24214	5.07569
7	6.72819	6.47199	6.23028	6.00206	5.78637
8	7.65168	7.32548	7.01969	6.73275	6.46321
9	8.56602	8.16224	7.78611	7.43533	7.10782
10	9.47130	8.98259	8.53020	8.11090	7.72174
11	10.36763	9.78685	9.25262	8.76048	8.30642
12	11.25503	10.57534	9.95400	9.38507	8.86325
13	12.13374	11.34837	10.63495	9.98565	9.39357
14	13.00370	12.10625	11.29607	10.56312	9.89864
15	13.86505	12.84926	11.93793	11.11839	10.37966
16	14.71787	13.57771	12.56110	11.65230	10.83777
17	15.56225	14.29187	13.16612	12.16567	11.27407
18	16.39827	14.99203	13.75351	12.65930	11.68959
19	17.22601	15.67846	14.32380	13.13394	12.08532
20	18.04555	16.35143	14.87747	13.59033	12.46221

n/r	6.0	7.0	8.0	9.0	10.0
1	0.94340	0.93453	0.92593	0.91743	0.90909
2	1.83339	1.80802	1.78326	1.75911	1.73554
3	2.67301	2.62432	2.57710	2.53129	2.48685
4	3.46511	3.38721	3.31213	3.23972	3.16987
5	4.21236	4.10020	3.99271	3.88965	3.79079
6	4.91732	4.76654	4.62288	4.48592	4.35526
7	5.58238	5.38929	5.20637	5.03295	4.86842
8	6.20979	5.97130	5.74664	5.53482	5.33493
9	6.80169	6.51523	6.24689	5.99525	5.75902
10	7.36009	7.02358	6.71008	6.41766	6.14457
11	7.88687	7.49867	7.13896	6.80519	6.49506
12	8.38384	7.94269	7.53608	7.16073	6.81369
13	8.85268	8.35765	7.90378	7.48690	7.10336
14	9.29498	8.74547	8.24424	7.78615	7.36669
15	9.71225	9.10971	8.55948	8.06069	7.60608
16	10.10590	9.44665	8.85137	8.31256	7.82371
17	10.47726	9.76322	9.12164	8.54363	8.02155
18	10.82760	10.05909	9.37189	8.75563	8.20141
19	11.15812	10.33560	9.60360	8.95011	8.36492
20	11.46992	10.59401	9.81815	9.12855	8.51356

n/r	11.0	12.0	13.0	14.0	15.0
1	0.90090	0.89286	0.88496	0.87719	0.86957
2	1.71252	1.69005	1.66810	1.64666	1.62571
3	2.44371	2.40183	2.36115	2.32163	2.28323
4	3.10245	3.03735	2.97447	2.91371	2.85498
5	3.69590	3.60478	3.51723	3.43308	3.35216
6	4.23054	4.11141	3.99755	3.88867	3.78448
7	4.71220	4.56376	4.42261	4.28830	4.16042
8	5.14612	4.96764	4.79877	4.63886	4.48732
9	5.53705	5.32825	5.13166	4.94637	4.77158
10	5.88923	5.65022	5.42624	5.21612	5.01877
11	6.20652	5.93770	5.68694	5.45273	5.23371
12	6.49236	6.19437	5.91765	5.66029	5.42062
13	6.74987	6.42355	6.12181	5.84236	5.58315
14	6.98187	6.62817	6.30249	6.00207	5.72448
15	7.19087	6.81086	6.46238	6.14217	5.84737
16	7.37916	6.97399	6.60388	6.26506	5.95424
17	7.54879	7.11963	6.72909	6.37286	6.04716
18	7.70162	7.24967	6.83991	6.46742	6.12797
19	7.83929	7.36578	6.93797	6.55037	6.19823
20	7.96333	7.46944	7.02475	6.62313	6.25933

n/r	16.0	17.0	18.0	19.0	20.0
1	0.86207	0.85470	0.84746	0.84034	0.83333
2	1.60523	1.58521	1.56564	1.54650	1.52778
3	2.24589	2.20959	2.17427	2.13992	2.10648
4	2.79818	2.74324	2.69006	2.63859	2.58873
5	3.27429	3.19935	3.12717	3.05764	2.99001
6	3.68474	3.58918	3.49760	3.40978	3.32551
7	4.03857	3.92238	3.81153	3.70570	3.60459
8	4.34359	4.20716	4.07757	3.95437	3.83716
9	4.60654	4.45057	4.30302	4.16333	4.03097
10	4.83323	4.65860	4.49409	4.33894	4.19247
11	5.02864	4.83641	4.65601	4.48650	4.32706
12	5.19711	4.98839	4.79323	4.61050	4.43922
13	5.34233	5.11828	4.90951	4.71471	4.53268
14	5.46753	5.22930	5.00806	4.80228	4.61057
15	5.57546	5.32419	5.09158	4.87586	4.67547
16	5.66850	5.40529	5.16235	4.93770	4.72956
17	5.74870	5.47461	5.22233	4.98966	4.77463
18	5.81785	5.53385	5.27316	5.03333	4.81220
19	5.87746	5.58449	5.31624	5.07003	4.84350
20	5.92884	5.62777	5.35275	5.10086	4.86958

n/r	21.0	22.0	23.0	24.0	25.0
1	0.82645	0.81967	0.81301	0.80645	0.80000
2	1.50946	1.49153	1.47399	1.45682	1.44000
3	2.07393	2.04224	2.01137	1.98130	1.95200
4	2.54044	2.49364	2.44827	2.40428	2.36160
5	2.92598	2.86364	2.80347	2.74538	2.68928
6	3.24462	3.16692	3.09225	3.02047	2.95142
7	3.50795	3.41551	3.32704	3.24232	3.16114
8	3.72558	3.61927	3.51792	3.42122	3.32891
9	3.90543	3.78629	3.67310	3.56550	3.46313
10	4.05408	3.92318	3.79927	3.68186	3.57050
11	4.17692	4.03540	3.90185	3.77569	3.65640
12	4.27845	4.12737	3.98524	3.85136	3.72512
13	4.36236	4.20277	4.05304	3.91239	3.78010
14	4.43170	4.26456	4.10816	3.96160	3.82408
15	4.48901	4.31522	4.15298	4.00129	3.85926
16	4.53637	4.35673	4.18941	4.03330	3.88741
17	4.57551	4.39077	4.21904	4.05911	3.90993
18	4.60786	4.41866	4.24312	4.07993	3.92794
19	4.63460	4.44152	4.26270	4.09672	3.94235
20	4.65669	4.46027	4.27862	4.11026	3.95388

n/r	26.0	27.0	28.0	29.0	30.0
1	0.79365	0.78470	0.78125	0.77519	0.76923
2	1.42353	1.40740	1.39160	1.37612	1.36095
3	1.92344	1.89559	1.86844	1.84195	1.81611
4	2.32019	2.27999	2.24097	2.20306	2.16624
5	2.63507	2.58267	2.53201	2.48300	2.43557
6	2.88498	2.82100	2.75938	2.70000	2.64275
7	3.08332	3.00866	2.93702	2.86821	2.80211
8	3.24073	3.15643	3.07579	2.99862	2.92470
9	3.36566	3.27278	3.18421	3.09970	3.01900
10	3.46481	3.36439	3.26892	3.17806	3.09154
11	3.54350	3.43653	3.33509	3.23881	3.14734
12	3.60595	3.49333	3.38679	3.28590	3.19026
13	3.65552	3.53806	3.42718	3.32240	3.22328
14	3.69485	3.57327	3.45873	3.35070	3.24867
15	3.72607	3.60100	3.48339	3.37264	3.26821
16	3.75085	3.62284	3.50265	3.38964	3.28324
17	3.77052	3.64003	3.51769	3.40282	3.29480
18	3.78613	3.65357	3.52945	3.41304	3.30369
19	3.79851	3.66423	3.53863	3.42096	3.31053
20	3.80834	3.67262	3.54581	3.42710	3.31579

〈부표 5〉 연속복리미래가치계수표(e^{rn})

(연초에 1원을 연리 r%로 연속복리투자할 때의 n년 후의 미래가치)

rn	0.00	0.01	0.02	0.03	0.04	0.05	0.06	0.07	0.08	0.09
0.00	1.000	1.010	1.020	1.030	1.041	1.051	1.062	1.073	1.083	1.094
0.10	1.105	1.116	1.127	1.139	1.150	1.162	1.174	1.185	1.197	1.209
0.20	1.221	1.234	1.246	1.259	1.271	1.284	1.297	1.310	1.323	1.336
0.30	1.350	1.363	1.377	1.391	1.405	1.419	1.433	1.448	1.462	1.477
0.40	1.492	1.507	1.522	1.537	1.553	1.568	1.584	1.600	1.616	1.632
0.50	1.649	1.665	1.682	1.699	1.716	1.733	1.751	1.768	1.786	1.804
0.60	1.822	1.840	1.859	1.878	1.896	1.916	1.935	1.954	1.974	1.994
0.70	2.014	2.034	2.054	2.075	2.096	2.117	2.138	2.160	2.181	2.203
0.80	2.226	2.248	2.271	2.293	2.316	2.340	2.363	2.387	2.411	2.435
0.90	2.460	2.484	2.509	2.535	2.560	2.586	2.612	2.638	2.664	2.691
1.00	2.718	2.746	2.773	2.801	2.829	2.858	2.886	2.915	2.945	2.974
1.10	3.004	3.034	3.065	3.096	3.127	3.185	3.190	3.222	3.254	3.287
1.20	3.320	3.353	3.387	3.421	3.456	3.490	3.525	3.561	3.597	3.633
1.30	3.669	3.706	3.743	3.781	3.819	3.857	3.869	3.935	3.945	4.015
1.40	4.055	4.096	4.137	4.179	4.221	4.263	4.306	4.349	4.393	4.437
1.50	4.482	4.527	4.572	4.618	4.665	4.711	4.759	4.807	4.855	4.904
1.60	4.953	5.003	5.053	5.104	5.155	5.207	5.259	5.312	5.366	5.419
1.70	5.474	5.529	5.585	5.641	5.697	5.755	5.812	5.871	5.930	5.989
1.80	6.050	6.110	6.172	6.234	6.297	6.360	6.424	6.488	6.553	6.619
1.90	6.686	6.753	6.821	6.890	6.959	7.029	7.099	7.171	7.243	7.316

rn	0.00	0.01	0.02	0.03	0.04	0.05	0.06	0.07	0.08	0.09
2.00	7.389	7.463	7.538	7.614	7.691	7.768	7.846	7.925	8.004	8.085
2.10	8.166	8.248	8.331	8.415	8.499	8.585	8.671	8.758	8.846	8.935
2.20	9.025	9.116	9.207	9.300	9.393	9.488	9.583	9.679	9.777	9.875
2.30	9.974	10.07	10.18	10.28	10.38	10.49	10.70	10.70	10.80	10.91
2.40	11.02	11.13	11.25	11.36	11.47	11.59	11.82	11.82	11.94	12.06
2.50	12.18	12.30	12.43	12.55	12.68	12.81	13.07	13.07	13.20	13.33
2.60	13.46	13.60	13.74	13.87	14.01	14.15	14.44	14.44	14.59	14.73
2.70	14.88	15.03	15.18	15.33	15.49	15.64	15.96	15.96	16.12	16.28
2.80	16.44	16.61	16.78	16.95	17.12	17.29	17.64	17.64	17.81	17.99
2.90	18.17	18.36	18.54	18.73	18.92	19.11	19.30	19.49	19.69	19.89
3.00	20.09	20.29	20.49	20.70	20.91	21.12	21.33	21.54	21.76	21.98
3.10	22.20	22.42	22.65	22.87	23.10	23.34	23.57	23.81	24.05	24.295
3.20	24.53	24.78	25.03	25.28	25.53	25.79	26.05	26.31	26.58	26.84
3.30	27.11	27.39	27.66	27.94	28.22	28.50	28.79	29.08	29.37	29.67
3.40	29.96	30.27	30.57	30.88	31.19	31.50	31.82	32.14	32.46	32.79
3.50	33.12	33.45	33.78	34.12	34.47	34.81	35.16	35.52	35.87	36.23
3.60	36.60	36.97	37.34	37.71	38.09	38.47	38.86	39.25	39.65	40.04
3.70	40.45	40.85	41.26	41.68	42.10	42.52	42.95	43.38	43.82	44.26
3.80	44.70	45.15	45.60	46.06	46.53	46.99	47.47	47.94	48.42	48.91
3.90	49.40	49.90	50.40	50.91	51.42	51.94	52.46	52.98	53.52	54.05

〈부표 6〉 단위정규분포표

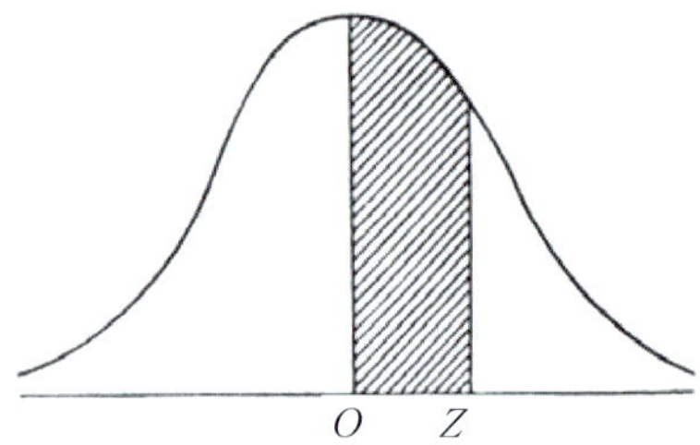

z	0.00	0.01	0.02	0.03	0.04	0.05	0.06	0.07	0.08	0.09
0.0	0.0000	0.0040	0.0080	0.0120	0.0160	0.0199	0.0239	0.0279	0.0319	0.0359
0.1	0.0398	0.0438	0.0478	0.0517	0.0557	0.0596	0.0636	0.0675	0.0714	0.0753
0.2	0.0793	0.0832	0.0871	0.0910	0.0948	0.0987	0.1026	0.1064	0.1103	0.1141
0.3	0.1179	0.1217	0.1255	0.1293	0.1331	0.1368	0.1406	0.1443	0.1480	0.1517
0.4	0.1554	0.1591	0.1628	0.1664	0.1700	0.1736	0.1772	0.1808	0.1844	0.1879
0.5	0.1915	0.1950	0.1985	0.2019	0.2054	0.2088	0.2123	0.2157	0.2190	0.2224
0.6	0.2257	0.2291	0.2324	0.2357	0.2389	0.2422	0.2454	0.2486	0.2518	0.2549
0.7	0.2580	0.2612	0.2642	0.2673	0.2704	0.2734	0.2764	0.2794	0.2823	0.2852
0.8	0.2881	0.2910	0.2939	0.2967	0.2995	0.3023	0.3051	0.3078	0.3106	0.3133
0.9	0.3159	0.3186	0.3212	0.3238	0.3264	0.3289	0.3315	0.3340	0.3365	0.3389
1.0	0.3413	0.3438	0.3461	0.3485	0.3508	0.3531	0.3554	0.3577	0.3599	0.3621
1.1	0.3643	0.3665	0.3686	0.3708	0.3729	0.3749	0.3770	0.3790	0.3810	0.3830
1.2	0.3849	0.3869	0.3888	0.3907	0.3925	0.3944	0.3962	0.3980	0.3997	0.4015
1.3	0.4032	0.4049	0.4066	0.4082	0.4099	0.4115	0.4131	0.4147	0.4162	0.4177
1.4	0.4192	0.4207	0.4222	0.4236	0.4251	0.4265	0.4279	0.4292	0.4306	0.4319
1.5	0.4332	0.4345	0.4357	0.4370	0.4382	0.4394	0.4406	0.4418	0.4429	0.4441
1.6	0.4452	0.4463	0.4474	0.4484	0.4495	0.4505	0.4515	0.4525	0.4535	0.4545
1.7	0.4554	0.4564	0.4573	0.4582	0.4591	0.4599	0.4603	0.4616	0.4625	0.4633
1.8	0.4641	0.4649	0.4656	0.4664	0.4671	0.4678	0.4686	0.4693	0.4699	0.4706
1.9	0.4713	0.4719	0.4726	0.4732	0.4738	0.4744	0.4750	0.4756	0.4761	0.4767
2.0	0.4772	0.4778	0.4783	0.4788	0.4793	0.4798	0.4803	0.4808	0.4812	0.4817
2.1	0.4821	0.4826	0.4830	0.4834	0.4838	0.4842	0.4846	0.4850	0.4854	0.4857
2.2	0.4861	0.4864	0.4868	0.4871	0.4875	0.4878	0.4881	0.4884	0.4887	0.4890
2.3	0.4893	0.4896	0.4898	0.4901	0.4904	0.4906	0.4909	0.4911	0.4913	0.4916
2.4	0.4918	0.4920	0.4922	0.4925	0.4927	0.4929	0.4931	0.4932	0.4934	0.4936
2.5	0.4938	0.4940	0.4941	0.4943	0.4945	0.4946	0.4948	0.4949	0.4951	0.4952
2.6	0.4953	0.4955	0.4956	0.4957	0.4959	0.4960	0.4961	0.4962	0.4963	0.4964
2.7	0.4965	0.4966	0.4967	0.4968	0.4969	0.4970	0.4971	0.4972	0.4973	0.4974
2.8	0.4974	0.4975	0.4976	0.4977	0.4977	0.4978	0.4979	0.4979	0.4980	0.4981
2.9	0.4981	0.4982	0.4982	0.4983	0.4984	0.4984	0.4985	0.4985	0.4986	0.4986
3.0	0.4986	0.4987	0.4987	0.4988	0.4988	0.4989	0.4989	0.4989	0.4990	0.4990

연습문제 해답

연습문제 해답

제 1 장

[OX 문제] 1. X, 2. ○, 3. ○, 4. ○, 5. X, 6. ○
[단 답 형] 1. 자본예산, 자본구조, 2. 화폐의 시간가치, 3. 자본예산, 4. 자본구조
5. 운전자본, 6. 재무상태표, 7. 포괄손익계산서, 8. 대응의 원칙,
9. 현금흐름표, 10. 자본변동표, 11. 주석
[객 관 식] 1. ④, 2. ④, 3. ④, 4. ③, 5. ①, 6. ②, 7. ③

제 2 장

[OX 문제] 1. ○, 2. X, 3. X, 4. ○
[단 답 형] 1. 고정영업비용, 2. 손익분기점, 3. 영업레버리지, 4. 영업레버리지,
5. 재무레버리지도, 6. 결합레버리지도, 7. 재무레버리지
[객 관 식] 1. ①, 2. ④, 3. ③, 4. ②, 5. ③, 6. ①, 7. ④
[주 관 식]

3

$$\text{손익분기점 판매량} = \frac{\text{고정비용}}{\text{판매가격} - \text{단위당변동비용}}$$

$$= \frac{10{,}000{,}000}{800 - 300} = 20{,}000\text{개}$$

$$\text{손익분기점 판매금액} = \text{손익분기점판매량} \times \text{판매가격}$$

$$= 20{,}000 \times 800 = 16{,}000{,}000$$

4

1) $DOL = \dfrac{500\text{만대}(10{,}000\text{원} - 4{,}000\text{원})}{500\text{만대}(10{,}000\text{원} - 4{,}000\text{원}) - 200\text{억원}} = 3.0$

판매량이 1% 변동할 때 영업이익이 3% 변동함을 의미한다.

2) $DFL = \dfrac{500\text{만대}(10{,}000\text{원} - 4{,}000\text{원}) - 200\text{억원}}{500\text{만대}(10{,}000\text{원} - 4{,}000\text{원}) - 200\text{억원} - 10\text{억원}} = 1.1$

영업이익이 1% 변동할 때 주당순이익이 1.1% 변동함을 의미한다.

3) $DCL = DOL \times DFL = 3.0 \times 1.1 = 3.3$

판매량이 1% 변동할 때 주당순이익이 3.3% 변동함을 의미한다.

5

1) 공헌이익 = 매출액 − 영업변동비

$= 2{,}000\text{억원} - 1{,}000\text{억원}$

$= 1{,}000\text{억원}$

2) $\text{영업레버리지도} = \dfrac{\text{매출액} - \text{영업변동비}}{\text{매출액} - \text{영업변동비} - \text{영업고정비}}$

$= \dfrac{2{,}000\text{억원} - 1{,}000\text{억원}}{2{,}000\text{억원} - 1{,}000\text{억원} - 500\text{억원}} = 2.0$

3) $\text{재무레버리지도} = \dfrac{\text{매출액} - \text{영업변동비} - \text{영업고정비}}{\text{매출액} - \text{영업변동비} - \text{영업고정비} - \text{재무고정비}}$

$= \dfrac{2{,}000\text{억원} - 1{,}000\text{억원} - 500\text{억원}}{2{,}000\text{억원} - 1{,}000\text{억원} - 500\text{억원} - 100\text{억원}} = 1.25$

4) $\text{결합레버리지도} = \text{영업레버리지도} \times \text{재무레버리지도} = 2.0 \times 1.25 = 2.5$

6

$\text{손익분기점 매출량} = \dfrac{\text{고정비용}}{\text{판매가격} - \text{단위당변동비용}}$

$= \dfrac{10{,}000{,}000}{1{,}000 - 800} = 50{,}000$

제 3 장

[OX 문제] 1. ○, 2. ○, 3. ○, 4. X
[단 답 형] 1. 실효이자율, 2. 현재가치, 3. 연금, 4. 영구채권
[객 관 식] 1. ③, 2. ②, 3. ①, 4. ③
[주 관 식]

1

NPV가 음(-)의 값을 갖기 때문에 투자해서는 안 된다.

$$NPV = \frac{-1억원}{(1+0.13)} + \frac{2억원}{(1+0.13)^2} + \frac{3억원}{(1+0.13)^3} - 4억원 = -123{,}951{,}000원$$

2

$$연실효이자율(EAR) = (1+\frac{r}{n})^n - 1 = (1+\frac{0.08}{12})^{12} - 1 = 0.0830 = 8.3\%$$

3

$$100{,}000{,}000원 \times (1+0.05)^{10} = 162{,}889{,}462원$$

4

$$5년후에\ 받는\ 금액 = 10{,}000{,}000 \times \frac{(1+0.04)^5 - 1}{0.04} = 54{,}163{,}225원$$

5

$$현재가치(PV) = \frac{100{,}000{,}000}{(1+0.08)^5} = 68{,}058{,}319원$$

6

$$연금의\ 현재가치 = 10{,}000{,}000 \times (\frac{1}{0.04} - \frac{1}{0.04(1+0.04)^5}) = 44{,}518{,}223원$$

7

$$매년\ 일정한\ 율로\ 성장하는\ 영구연금의\ 현재가치 = \frac{100{,}000{,}000}{0.08-0.05} = 3{,}333{,}333{,}333원$$

8

연금의 가치(1,380,000원)이 투자액(1,548,000원)보다 작기 때문에 연금에 가입하면 안 된다.

$$연금의\ 가치=\sum_{t=1}^{\infty}\frac{138,000}{(1+0.1)^t}=\frac{138,000}{0.1}=1,380,000원$$

9

$$10억원 = 매년말에\ 상환해야\ 하는\ 금액 \times (\frac{1}{0.04}-\frac{1}{0.04(1+0.04)^{10}})$$

매년 말에 상환해야 하는 금액= 123,290,944원

10

유류비가 매년 3.5% 이상 상승해야 경제성이 있다.

$$\left(\frac{220}{0.12-g}-2,590\right)\geq 0 \quad \rightarrow g \geq 3.5\%$$

11

1) $PV=15백만원\left[\frac{1}{0.08-0.05}(1-\frac{(1+0.05)^{30}}{(1+0.08)^{30}})\right]$

$=285,248,447원$

2) 정년에 퇴직금으로 154,999,291원을 받을 수 있다.
매년 초 연봉의 5%를 30년간 정기예금에 투자한다면
연금의 미래가치를 구하면 된다.

$$15,000,000\times 5\%\times(1+8\%)^{30}\times\left\{\frac{1-(\frac{1+5\%}{1+8\%})^{30}}{1-\frac{1+5\%}{1+8\%}}\right\}=154,99,291원$$

제 4 장

[OX 문제] 1. ○, 2. X, 3. ○

[단 답 형] 1. 채권, 2. 만기, 3. 이표채, 4. 주식, 5. 배당, 6. 배당할인

[객 관 식] 1. ④, 2. ①, 3. ③

[주 관 식]

1

$$채권가격 = \frac{40,000}{(1+0.05)^1} + \frac{40,000}{(1+0.05)^2} + \frac{40,000}{(1+0.05)^3} + \frac{1,000,000}{(1+0.05)^3} = 972,768원$$

2

매 분기당 지급이자는 $1,000,000 \times 4\% \times \frac{1}{4} = 10,000$

총 이자지급회수는 분기 4회×기간 2년 = 8

$$채권가격 = \frac{10,000}{(1+\frac{0.06}{4})^1} + \frac{10,000}{(\frac{0.06}{4})^2} + ... + \frac{10,000}{(\frac{0.06}{4})^8} + \frac{1,000,000}{(\frac{0.06}{4})^8} = 962,570원$$

3

시행착오법으로 계산하면

$$978,500 = \frac{40,000}{(1+r)^1} + \frac{40,000}{(1+r)^2} + \frac{40,000}{(1+r)^3} + \frac{1,000,000}{(1+r)^3} \rightarrow r = 4.89\%$$

4

$$주식의\ 현재가치 = \frac{3,000}{(1+0.08)^1} + \frac{5,000}{(1+0.08)^2} + \frac{150,000}{(1+0.08)^2} = 135,665원$$

5

$$주식의\ 현재가치 = \frac{3,000}{0.1} = 30,000원$$

6

$$주식의\ 현재가치 = \frac{2,000(1+0.04)}{0.08-0.04} = 52,000원$$

7

$$주식의\ 현재가치 = \frac{1,500 \times (1-0.3)}{0.12-0.06} = 17,500원$$

8

$$45,000 = \frac{2,000}{0.1} + PVGO \rightarrow PVGO = 25,000원$$

9

$$\text{주식의 현재가치} = \frac{1{,}000\times(1+0.2)}{(1+0.08)^1}+\frac{1{,}000\times(1+0.2)^2}{(1+0.08)^2}+\frac{1{,}000\times(1+0.2)^2\times(1+0.04)}{(1+0.08)^2\times(0.08-0.04)}$$
$$= 34{,}444\text{원}$$

제 5 장

[OX 문제] 1. X, 2. ○
[단 답 형] 1. 자본예산, 2. 매몰원가, 3. 영업현금흐름
[객 관 식] 1. ⑤
[주 관 식]

1

새로운 판매라인의 신설을 통한 추가매출액은 5,500억원이다.

$$\text{추가매출액} = 25\text{백만원}\times 30{,}000\text{대} - 20\text{백만원}\times 10{,}000\text{대} = 5{,}500\text{억원}$$

2

1) 감가상각비= $\frac{10\text{억원}}{5}$ = 2억원 → 법인세절감액=2억원×0.3=60백만원

2) 설비 매각에 의한 현금흐름은 210백만원이다.

$$\text{세후매각수익} = 300(1-0.3) = 210\text{백만원}$$

3

$$\text{시설확장투자의 영업현금흐름} = (\Delta S - \Delta O)(1-t_c) + t_c D$$
$$= (500-200)(1-0.3) + 600\times 0.3$$
$$= 390\text{백만원}$$

$$\text{감가상각비} = \frac{3{,}000}{5\text{년}} = 600\text{백만원}$$

4

1) (1) 추정손익계산서

매출액	6,000백만원
영업변동비	2,400
영업고정비	450
감가상각비	300
영업이익	2,850
법인세	855
세후영업이익	1,995

매출액 = 600,000개 × 10,000원 = 6,000백만원

영업변동비 = 600,000개 × 4,000원 = 2,400백만원

감가상각비 = $\frac{1,200}{4년}$ = 300백만원

(2) 영업현금흐름 = 1,995 + 300 = 2,295백만원

2)

(단위: 백만원)

	0	1	2	3	4	5
영업현금흐름		+2,295	+2,295	+2,295	+2,295	
투자액	-1,200					
운전자본	-1,100	-400	0	0	0	+1,500
매각수익						+336
현금흐름	-2,300	+1,895	+2,295	+2,295	+2,295	+1,836

세후매각수익=1,200×0.4-1,200×0.4×0.3=480-144=336백만원

3) $NPV = \frac{1,895}{(1+0.1)} + \frac{2,295}{(1+0.1)^2} + \frac{2,295}{(1+0.1)^3} + \frac{2,295}{(1+0.1)^4} + \frac{1,836}{(1+0.1)^5}$

= 5,289백만원

5

1) 자기자본 = 총자산-부채

= 1,100-450

= 650억원

2) 순운전자본 = 유동자산-유동부채

= 200-150

= 50억원

6

순이익 = (매출액 - 영업비용 - 감가상각비 - 지급이자)(1-법인세율)
= (550-300-10-5)(1-0.2)
= 188억원

7

자본적 지출 = 기말 비유동자산 - 기초 비유동자산 + 감가상각비
= 520-500+9
= 29억원

8

채권자의 현금흐름 = 지급이자 - 신규부채조달액
= 25-20
= 5억원

9

주주의 현금흐름 = 배당금 - 신규보통주조달액
= 10 - 2
= 8억원

10

1) 채권자의 현금흐름 = 지급이자-신규부채조달액
= 12-10
= 2억원

2) 주주의 현금흐름 = 배당금-신규보통주조달액
= 30 - 30
= 0원

3) 잉여현금흐름 = 채권자의 현금흐름 + 주주의 현금흐름
= 2+0
= 2억원

제 6 장

[OX 문제] 1. X, 2. ○

[단 답 형] 1. 순현재가치, 2. 내부수익률, 3. 수익성지수, 4. 회수기간, 5. 회계적 이익률

[주 관 식]

1

$NPV(Y) = 221.59 > NPV(Y) = 186.56$ → 투자안 Y에 투자해야 한다.

$$\because \quad NPV(X) = 150 \times \left(\frac{1}{0.08} - \frac{1}{0.08(1+0.08)^3} \right) - 200 = 186.56 \text{백만원}$$

$$NPV(Y) = 280 \times \left(\frac{1}{0.08} - \frac{1}{0.08(1+0.08)^3} \right) - 500 = 221.59 \text{백만원}$$

2

$$135 = \frac{90}{(1+IRR)} + \frac{360}{(1+IRR)^2} \quad \rightarrow IRR = 100\%$$

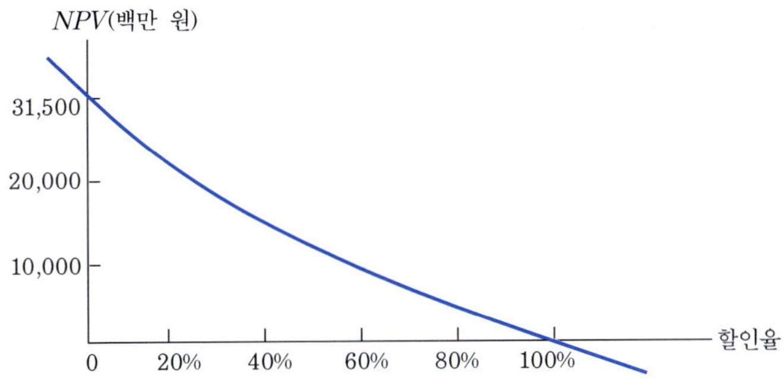

할인율과 순현재가치의 관계

투자수익률(100%) 〉 자본비용(20%) → 경제성이 있다.

3

$$PI(A) = \frac{\frac{1,200}{(1+0.2)} + \frac{1,440}{(1+0.2)^2}}{1,600} = 1.25,$$

$$PI(B) = \frac{\frac{1,440}{(1+0.2)} + \frac{2,000}{(1+0.2)^2}}{2,100} = 1.23$$

$PI(A) > PI(B)$ → 투자안 A에 투자해야 한다.

4

회수기간(A) : 3년,
회수기간(B) : 2년,
회수기간(C) : 3년.
투자안 A와 투자안 C는 경제성이 없고, 투자안 B는 경제성이 있다.
∵ 투자안 A : 회수기간(3년) > 목표회수기간(2년)
투자안 B : 회수기간(2년) = 목표회수기간(2년)
투자안 C : 회수기간(3년) > 목표회수기간(2년)

5

회계이익률=50%(평균투자액 60억원, 평균세후순이익 30억원)

회계이익률(50%) > 목표회계이익률(30%) → 경제성이 있다.

6

1) 회수기간(A)〈회수기간(B)이므로 투자안 A에 투자해야 한다.
(회수기간(A)=1.2년, 회수기간(B)=2.09년)

2) $PI(A) > PI(B)$ → 투자안 A에 투자해야 한다.

$$\because \; PI(A) = \frac{86.24}{21} = 4.11$$

$$PI(B) = \frac{31.85}{21} = 1.52$$

3) $IRR(A) = 100.3\% > IRR(B) = 32.74\%$ → 투자안 A에 투자해야 한다.

투자안 A : $21 = \frac{15}{(1+IRR)} + \frac{30}{(1+IRR)^2} + \frac{30}{(1+IRR)^3} + \frac{37}{(1+IRR)^4}$ → $IRR = 1.003$

투자안 B : $21 = \frac{11}{(1+IRR)} + \frac{9}{(1+IRR)^2} + \frac{11}{(1+IRR)^3} + \frac{9}{(1+IRR)^4}$ → $IRR = 0.327$

4) $NPV(A) > NPV(B)$ → 투자안 A에 투자해야 한다.

$$\because \; NPV(A) = \frac{15}{(1+0.1)^1} + \frac{30}{(1+0.1)^2} + \frac{30}{(1+0.1)^3} + \frac{37}{(1+0.1)^4} - 21$$

$= 65.23$억원

$NPV(B) = 10.82$억원

제 7 장

[OX 문제] 1. ○, 2. ○, 3. ○, 4. X

[단 답 형] 1. 기대수익률, 2. 표준편차, 3. 분리정리, 4. 포트폴리오, 5.공분산, 6. 상관계수

[주 관 식]

1

1) $E(r_A) = 0.1 \times (-20\%) + 0.2 \times 10\% + 0.4 \times 30\% + 0.2 \times 25\% + 0.1 \times 8\%$

$= 25\%$

$E(r_B) = 34\%$

2) $\sigma(r_A) = [0.1(-0.2-0.25)^2 + 0.2(0.1-0.25)^2 + 0.4(0.3-0.25)^2$

$+0.2(0.25-0.25)^2 + 0.1(0.8-0.25)^2]^{1/2}$

$= 0.2366 \rightarrow \sigma(r_A) = 23.66\%$

$\sigma(r_B) = 47.2\%$

3)

$COV(r_A, r_B) = 0.1(-0.2-0.25)(-0.6-0.34) + 0.2(0.1-0.25)(0-0.34) + 0.4(0.3-0.25)$

$(0.34-0.34) + 0.2(0.25-0.25)(0.68-0.34) + 0.1(0.8-0.25)(1.28-0.34)$

$= 0.1042$

$$\rho_{AB} = \frac{COV(r_A, r_B)}{\sigma(r_A)\sigma(r_B)} = \frac{0.1042}{0.2366 \times 0.472} = 0.933$$

4) $E(r_p) = w_A E(r_A) + w_B E(r_B)$

$= 0.5 \times 25\% + 0.5 \times 34\%$

$= 29.5\%$

$\sigma(r_p) = [w_A^2 \sigma^2(r_A) + w_B^2 \sigma^2(r_B) + 2 w_A w_B \rho_{AB} \sigma(r_A)\sigma(r_B)]^{1/2}$

$= [(0.5)^2(0.2366)^2 + (0.5)^2(0.472)^2 + 2 \times 0.5 \times 0.5 \times 0.933 \times 0.2366 \times 0.472)^{1/2}$

$= 0.349 \rightarrow \sigma(r_p) = 34.9\%$

2

1) $E(r_X) = r_F + \beta_X[E(r_M) - r_F]$

$= 8\% + 0.7(16\% - 8\%)$

$= 13.6\%$

2) $24\% = 8\% + \beta_Y \times (16\% - 8\%) \quad \rightarrow \quad \beta_Y = 2.0$

3

$E(r_p) = w_A E(r_A) + w_B E(r_B)$

$= \left(\frac{1,200}{2,200}\right) \times 10\% + \left(\frac{1,000}{2,200}\right) \times 20\%$

$= 14.54\%$

4

$E(r_i) = \sum_{s=1}^{n} p_s r_{is}$

$= 0.3 \times (-5\%) + 0.4 \times 12\% + 0.3 \times 20\%$

$= 9.3\%$

5

1) $E(r_A) = 0.2 \times 6\% + 0.6 \times 8\% + 0.2 \times 12\% = 8.4\%$

$E(r_B) = 0.2(-10\%) + 0.6(9\%) + 0.2(20\%) = 7.4\%$

2)

$\sigma_A = [0.2(0.06 - 0.084)^2 + 0.6(0.08 - 0.084)^2 + 0.2(0.12 - 0.084)^2]^{1/2} = \sqrt{0.000384} = 1.96\%$

$\sigma_B = [0.2(-0.1 - 0.074)^2 + 0.6(0.09 - 0.074)^2 + 0.2(0.2 - 0.074)^2]^{1/2} = \sqrt{0.009384} = 9.69\%$

3) $E(r_p) = 0.5 \times 8.4\% + 0.5 \times 7.4\% = 7.9\%$

$\sigma_p = [(0.5)^2(0.0196)^2 + (0.5)^2(0.0969)^2 + 2(0.5)(0.5)(0.0017)]^{1/2}$

$= \sqrt{0.003294} = 0.0574 = 5.74\%$

$COV(r_A, r_B) = 0.2(0.06 - 0.084)(-0.1 - 0.074) + 0.6(0.08 - 0.084)(0.09 - 0.074)$

$+ 0.2(0.12 - 0.084)(0.2 - 0.074)$

$= 0.0017$

제 8 장

[OX 문제] 1. ○, 2. X, 3. ○, 4. ○

[단 답 형] 1. 비체계적 위험, 2. 체계적 위험, 3. β계수, 4. 시장포트폴리오,
5. 증권특성선, 6. 증권시장선

[주 관 식]

1

$$\beta_p = 0.5 \times 1.5 + 0.5 \times 0.6 = 1.05$$

2

$$\beta_p = \sum_{i=1}^{n} w_i \beta_i = 0.25 \times 0.5 + 0.2 \times 1.7 + 0.25 \times 1.5 + 0.3 \times 1.1 = 1.17$$

3

$$E(r_X) = r_F + \beta_X [E(r_M) - r_F] = 5\% + 1.3 \times 10\% = 18\%$$

4

* 요구수익률$(X) = 7.5\% + 1.4 \times 5.5\% = 15.2\%$
  예상수익률(16%) > 요구수익률(15.2%)이므로 과소평가되고 있다.

* 요구수익률$(Y) = 7.5\% + 0.75 \times 5.5\% = 11.625\%$
  예상수익률(10%) < 요구수익률(11.625%)이므로 과대평가되고 있다.

제 9 장

[OX 문제] 1. ○, 2. X

[객 관 식] 1. ④, 2. ④, 3. ③, 4. ③

[주 관 식]

1

1) 증권시장선: $k_s = r_F + \beta_s[E(r_M) - r_F]$

$= 7\% + 0.75(15\% - 7\%)$

$= 13\%$

2) 정률성장모형: $S = \dfrac{D_1}{k_s - g}$

$= \dfrac{2{,}000\text{원}(1+0.1)}{0.13 - 0.1}$

$= 73{,}333$원

2

1) $1{,}040 = \dfrac{80}{(1+k_d)} + \dfrac{80}{(1+k_d)^2} + \cdots + \dfrac{1{,}080}{(1+k_d)^{20}} \rightarrow k_d = 7.65\%$

2) $k_d^* = k_d(1-t_c) = 7.65\%(1-0.2) = 6.12\%$

3

$12\% = 8\% \times X + 15\%(1-X) \quad \rightarrow X = 42.86\%$

따라서 부채구성비율은 42.86%임.

4

1) 정률성장모형: $k_s = \dfrac{D_1}{P_0} + g = \dfrac{900\text{원}(1+0.08)}{35{,}000\text{원}} + 0.08 = 10.8\%$

증권시장선: $k_s = r_F + \beta_s[E(r_M) - r_F] = 5\% + 0.9 \times 7\% = 11.3\%$

2) $k_o = k_d(1-t_c)\dfrac{D}{V} + k_s\dfrac{S}{V}$

$= 7\%(1-0.4) \times 0.5 + 11.3\% \times 0.5$

$= 7.75\%$

5

1) $k_d^* = k_d(1-t_c)$

$= 11.3\%(1-0.2)$

$= 9.04\%$

$\because \quad k_d = k_{ds}\dfrac{250}{719} + k_{dd}\dfrac{469}{719}$

$= 10\% \times 0.3477 + 12\% \times 0.65229$

$= 11.3\%$

보증사채의 자본비용(k_{ds})는 액면금액과 시장가격이 일치하기 때문에 액면이자율과 만기수익률이 10%로 동일하므로 $k_{ds} = 10\%$임.
한편 무보증사채의 자본비용(k_{dd})를 계산하면 $k_{dd} = 12\%$이다.

$$469 = \frac{55}{(1+k_{dd})} + \frac{55}{(1+k_{dd})^2} + \cdots + \frac{555}{(1+k_{dd})^{12}} \quad \rightarrow \quad k_{dd} = 12\%$$

2) $k_s = \dfrac{D_1}{S} + g = \dfrac{5{,}000\text{원}(1+0.1)}{40{,}000\text{원}} + 0.1 = 23.75\%$

$\because$ 발행주식수 $= \dfrac{1{,}250\text{백만원}}{10{,}000\text{원}} = 125{,}000\text{주}$

주가 $= \dfrac{5{,}000\text{백만원}}{125{,}000\text{주}} = 40{,}000\text{원}$

3) $k_o = k_d(1-t_c)\dfrac{D}{V} + k_s\dfrac{S}{V}$

$= 11.3\%(1-0.2)\dfrac{719}{5{,}719} + 23.75\%\dfrac{5{,}000}{5{,}719}$

$= 21.9\%$

제 10 장

[객관식] 1. ①, 2. ①, 3. ④, 4. ③

[주 관 식]

5

1) $PV(\text{법인세절감액}) = \dfrac{t_c k_d D}{1+k_d}$

$= \dfrac{0.5 \times 0.1 \times 10\text{억원}}{1.1}$

$= 45.45\text{백만원}$

2) $PV(\text{법인세절감액}) = \sum_{t=1}^{5} \dfrac{t_c k_d D}{(1+k_d)^t}$

$= \sum_{t=1}^{5} \dfrac{0.5 \times 0.1 \times 10\text{억원}}{(1+0.1)^t}$

$= 386{,}087\text{천원}$

3) $PV(\text{법인세절감액}) = \sum_{t=1}^{\infty} \dfrac{t_c k_d D}{(1+k_d)^t}$

$= \dfrac{0.5 \times 0.15 \times 10\text{억원}}{0.15}$

$= 500\text{백만원}$

6

1) $k_s = \dfrac{\text{세후순이익}}{\text{자기자본가치}} = \dfrac{100(1-0.4)}{1{,}000} = 6\%$

2) 자기자본비용이 6%에서 6.6%로 상승한다.

$k_s = k_o^* + (k_o^* - k_d)(1-t_c)\dfrac{D}{S}$

$= 6\% + (6\% - 5\%)(1-0.4) \times 1.0$

$= 6.6\%$

3) 기업가치가 10억원에서 12억원으로 증가한다.

$\because\ V_L = V_U + t_c D = 10 + 0.4 \times 5 = 12\text{억원}$

4) 기업가치가 2억원만큼 상승하는 법인세절감효과를 기대할 수 있다.

$\because\ PV(\text{법인세절감액흐름}) = t_c \times D = 0.4 \times 500 = 200\text{백만원}$

7

$$k_o = k_d(1-t_c)\frac{D}{V} + k_s\frac{S}{V} = 10\%(1-0.2)\frac{500}{1,000} + 20\%\frac{500}{1,000} = 14\%$$

$$V_0 = \frac{NOI(1-t_c)}{k_o^*} + t_cD = \frac{160(1-0.2)}{0.139} + 0.2\times 500 = 1,021\text{백만원}$$

$$\because\ k_o^* = \frac{k_o}{1-t_c\frac{D}{V}} = \frac{0.125}{1-02\times 0.5} = 0.139$$

제 11 장

[OX 문제] 1. ○, 2. ○
[객 관 식] 1. ②, 2. ④, 3. ④, 4. ①, 5. ③
[주 관 식]

3

1) 주주들은 2억원을 배당으로 받는 대신에 지분가치가 10억원에서 8억원으로 2억원이 감소하기 때문에 배당지급이 주주의 부에 영향을 미치지 않는다.

구 분	현금배당지급 전	현금배당지급 후
배당지급액		2억원
주주의 부	10억원	10억원
주주의 배당소득		2억원
주주의 지분가치	10억원	8억원

2) 기업이 보통주를 재매입하는 경우 주주들은 보유주식의 일부를 기업에 매각하여 2억원을 받는 대신에 발행주식수의 감소에 따라 주주의 지분가치가 10억원에서 8억원으로 2억원 감소하기 때문에 주식재매입이 주주의 부에 영향을 미치지 않는다.

구 분	주식재매입 전	주식재매입 후
발행주식수	100,000주	80,000주
주가	10,000원	10,000원
주주의 지분가치	10억원	8억원
주주의 매각수익		2억원
주주의 부	10억원	10억원

3) 다음의 조건을 충족시키는 수준에서 배당락 주가가 형성될 때 시장의 균형이 유지된다.

배당부 주가 = 배당락 주가(1+ 주식배당률)

위 식에 관련 수치를 대입하여 배당락 주가를 구하면 다음과 같다.

10,000원 = 배당락 주가(1+ 0.25) → 배당락 주가 = 8,000원

배당락 주가가 8,000원에서 형성되는 경우 주식배당 이전과 이후에서 주주들의 부가 10억원으로 일정하기 때문에 주식배당이 주주의 부에 영향을 미치지 않는다.

구 분	주식배당 전	주식배당 후
발행주식수	100,000주	125,000주
주가	10,000원	8,000원
주주의 부	10억원	10억원

4

1) 배당지급재원은 0원.

- 투자소요자금(10억원)
  - 자기자본조달(5억원)
    - 유보이익조달(5억원)
    - 보통주발행(0원)
  - 부채조달액(5억원)

2) 투자소요자금 10억원을 모두 부채로 조달하기 때문에 유보이익 5억원을 배당으로 지급할 수 있다.

찾아보기

ㅁ

ㅂ

ㅅ

ㅎ

저자약력

• 신현범

동의대학교 경영학박사
동아대학교 경영대학 경영학과 조교수
한국FP학회 평생회원
전, KEB하나은행
전, 부산경상대학교 금융정보과 교수

[저서 및 연구논문]
현대경영학원론(공저), 박영사, 2017
글로벌시대의 경영학원론(공저), 탑북스, 2013
경영을 읽는 키워드 77(공저), 법문사, 2012
증권선물영어(부산경상대학교 출판부)
은행마케팅(부산경상대학교 출판부)
선물거래론(부산경상대학교 출판부)
투자확신이 회전율과 수익률에 미치는 영향 외 다수

• 신봉준

동아대학교 경영학박사
동아대학교 경영대학 관광경영학과 강사
한국산업경제학회 평생회원
전, 동아대학교 경영대학 경영학과 조교수

[저서 및 연구논문]
현대경영학원론(공저), 박영사, 2017
자본구조 결정변수들의 지속성효과 외 다수

저자와의
협의하에
인지생략

재무관리

2020년 8월 20일 1판 1쇄 인쇄
2020년 8월 30일 1판 1쇄 발행

저 자 신 현 범 · 신 봉 준
발행인 김 광 식
조 판 아 람 기 획

07285
발행처 서울특별시 영등포구 선유로3길 10, 617호
도서출판 **탑 북 스**
등 록 2009.12.21 제 2016-000101 호
전 화 02)365-2223 팩스 02)365-2224

정가 22,000 원

ISBN 979-11-90247-16-0-93320